経営情報学ノート

浜中敏幸 著

ヌース学術ブックス

はじめに
ビジネスの本質はコミュニケーション活動である

本書の成り立ち

　多摩大学大学院に在学中、およびその後、数年間の研究活動のなかで得た「気づき」をノートに記してきた。そのノートを折にふれてまとめ、哲学・学問の専門誌「LOGOS DON」電子版（ヌース出版のサイト）に連載してきた。2009年9月から2015年1月にかけて5年4カ月にわたる連載だった。本書はその連載をもとにしている。単行本化にあたっては加筆・修正した。文中に挙げた人物の役職名は掲載当時のままとした。

ビジネスの本質はコミュニケーション活動

　「コミュニケーション活動によって、企業は商品やサービスを創り出し、外部に販売し、顧客の声を取り入れ、商品やサービスを改善していく。ビジネスの本質はコミュニケーション活動である」
　多摩大学経営情報学部の久恒啓一教授は「2008年多摩大学大学院講義要綱」のなかでこう指摘する。私も同感である。ビジネスの現場では、企業を構成する人々が企画、開発、生産、販売など、さまざまな工程を分割・分担して仕事をしている。その人々の間でなされるコミュニケーションが円滑・円満であれば、優れた製品とサービスが生まれやすい。逆にコミュニケーションが円滑・円満でなければ、製品とサービスの質は低下しかねない。のみならず、場合によっては事故や問題が発生することになる。

仕事の工程は感情の連鎖

　その仕事の工程は一見、「機能の連鎖」のように見えるが、実は「感

情の連鎖」である。多摩大学大学院の今岡善次郎客員教授は「サプライチェーンマネジメントとドラッカー」と題する講義のなかでこう解説した。私はこの講義を聴きながら、深く合点したのを記憶している。人と人との感情の連鎖が良好なときは「いい仕事ができる！」と経験的に感じていたからである。人と人との関係性を良好にするには、コミュニケーションのとり方が重要であるのはいうまでもない。

　　血の通う学問の成果を盛り込む

　学問の世界では、合理性や論理思考を大切にするが、人間の感情は「非合理なもの」として退ける傾向がある。しかし、企業などで働いているのは、感情を持つ人間である。論理的に考えて、その論理に従って、徹頭徹尾、行動できる人間はいない。
　気分がよければ能率が上がる。信頼する相手との仕事であれば成果が上がる。気まずい相手との仕事であれば、仕事は進展しない。このように人間は感情で動いている側面が大きい。だから、感情を排除した学問は人間不在の「机上の学問」に陥りやすい。
　幸い、多摩大学大学院では、人間の感情を考察のなかに入れた「血の通う」学問を学べた。これは大きな収穫であった。本書はその成果をできる限り盛り込んだ。
　本書では、上記のような考え方に基づいて、ビジネスおよび経営組織をコミュニケーションという切り口から論じている。本書を手にとられた読者が、ビジネスの本質を読み取られ、各々の立場で役立ててもらえれば、著者としてこのうえない喜びである。各章は独立しているので、どこから読まれてもかまわない。

2015年春

浜中　敏幸

目次

はじめに　3

第1章　地域の資源を活かすマーケティング

なぜ、いま観光振興なのか　12
観光資源を活かすブランドコミュニケーション　14
地域ブランドをつくるマーケティング手法　17

第2章　スポーツビジネスのコミュニケーション戦略

スポーツという商品の特色　20
スポーツはモラル形成に優れたソフトである　22
スポーツ産業における戦略的マーケティング　24
スポーツマネジメントで重要な3つのコミュニケーション戦略　26
スポーツビジネスにおける経営戦略の核心とは　28

第3章　国家経営と産業文化

世界に誇るモノづくりと勤勉 日本の美徳を取り戻せ　32
米国の対中文化戦略 百年の計が実りつつある　34

第4章　時代の変化に追いつけない企業の硬直性

パラダイムシフト　38
年代別に見た企業不祥事の特徴とは　40

情報が上がりにくい縦型組織の構造　　　　　　　　　43
悪しき企業風土の呪縛　　　　　　　　　　　　　　45
組織が形骸化するとき　　　　　　　　　　　　　　47
企業の構造的宿命　　　　　　　　　　　　　　　　49
なぜ、日本人にはリスク感覚がないのか　　　　　　51
変化する企業が生き残る　　　　　　　　　　　　　53

第5章　健全な企業風土の醸成

理念は企業の体質をつくる　　　　　　　　　　　　58
いま、経営理念が会社を救う　　　　　　　　　　　60
志をなくした現代の企業　　　　　　　　　　　　　63
コンセプト（概念）の重要性　　　　　　　　　　　65
経営に「正解」はない　　　　　　　　　　　　　　68
労働の商品化が問題の始まり　　　　　　　　　　　70
企業は暗黙のルールで動いている　　　　　　　　　72
管理型マネジメントの限界　　　　　　　　　　　　74
組織変革が進まない理由　　　　　　　　　　　　　76
経営者のうしろ姿　　　　　　　　　　　　　　　　78
対症療法と根本的な問題解決　　　　　　　　　　　80
パラドックスの超克　　　　　　　　　　　　　　　82

第6章　販売と顧客の心理

現代における販売の大原則　　　　　　　　　　　　86
セールスに対する思い込み　　　　　　　　　　　　88
サービス・ブランドの神髄　　　　　　　　　　　　90
顧客の度肝を抜くサービス　　　　　　　　　　　　92
類似性の法則　　　　　　　　　　　　　　　　　　94

顧客が買っているものは何か？　　　　　　　　　　　96
　　似て非なる販売とマーケティング　　　　　　　　　98
　　顧客は黙って去っていく　　　　　　　　　　　　100

第7章　デジタル時代のコミュニケーション

　　デジタル社会の功罪　　　　　　　　　　　　　　104
　　デジタルメディアと組織的コミュニケーション　　106
　　デジタルメディアによるコミュニケーションの死角　109
　　デジタル時代における美しい逆説　　　　　　　　111

第8章　組織におけるコミュニケーションの本質

　　組織における人間と人間のぶつかり合い　　　　　114
　　「ビジネスに私情をはさむな」は本当か　　　　　116
　　人を助けるとはどういうことか　　　　　　　　　118
　　人を動かすコミュニケーションの出発点　　　　　121
　　クライシス・コミュニケーションの成否は
　　　　　　　　　　　マスコミ対応にかかっている　123
　　出会いの瞬間からイメージコミュニケーションが始まる　126
　　ピンチを切り抜ける言葉の使い方　　　　　　　　128
　　部下の意欲を引き出す小さな習慣　　　　　　　　130
　　人の力を束ねる人間力がリーダーにとって最も重要である　132

第9章　企業の生産性と創造性

　　ゼロベース思考　　　　　　　　　　　　　　　　136

意味のある仮説は現場から生まれる　　　　　　138
経験から得た知識と洞察が組織を変える　　　　140
経営には科学と芸術を融合させる考え方が必要である　142
辺境企業の創造性　　　　　　　　　　　　　　144
仕事の成果は意識の持ち方次第　　　　　　　　146

第10章　新しい時代を開く情報の創造

情報の海で溺れるということ　　　　　　　　　150
知識を体得するということ　　　　　　　　　　152
学問とは科学と価値を考える営み　　　　　　　154
アイデアが浮かぶとき　　　　　　　　　　　　157
企業の死活を制する情報活用　　　　　　　　　159
新しい時代を開く情報の創造　　　　　　　　　161

おわりに　　　　　　　　　　　　　　　　　　163

参考文献　　　　　　　　　　　　　　　　　　165

第 1 章

地域の資源を活かすマーケティング

なぜ、いま観光振興なのか

観光は21世紀の産業

　政府は製造業に代わる21世紀の産業として観光をとらえ、2008年10月、「観光立国」の実現に向けて観光庁を設立した。また、衰退する地方自治体の多くも、観光による地域活性化を模索している。
　観光は裾野が広く、経済波及効果の大きい産業である。既存の産業分野を横断する総合産業である。政治、経済、社会、文化、スポーツなど、幅広い分野とかかわりを持ち、その行動は、移動、宿泊、飲食、買い物、見物、保養、スポーツなど、多様な表れ方をすることから、新しいビジネスを生み出す余地が大きい。
　このため経済波及効果は大きく、観光庁は2008年の時点で、生産効果は国内生産額972兆円の5.3％に相当する51.4兆円、雇用効果は総雇用6445万人の6.7％に相当する430万人と推計している。

加工貿易立国から観光立国へ

　しかし、日本はこれまで娯楽にかかわる観光の振興に取り組んでこなかった。その理由は主に3つある。
　1つめは、勤勉で均質な国民性を背景に、モノづくりを中心とする加工貿易立国として経済発展を遂げてきたからである。
　2つめは、貿易収支が大幅な黒字基調にあり、国際観光で外貨を獲得する必要性がなかったからである。
　3つめは、観光による経済波及効果を、旅行、宿泊、交通業などに狭く限定して軽んじたからである。
　が、近年になって観光は、裾野の広い産業であり、経済波及効果や地域活性化効果の高い産業であると認識されつつある。こうして観光は21世紀の有力な成長産業のひとつとして政策の中に位置づけられるようになったのである。

地域活性化の決め手

　さて、日本の地域は周知のとおり、少子・高齢化と過疎化が進み、多くの地方自治体では財政難が深刻化している。それに対して従来の地域振興策は「国土の均衡ある発展」の名のもとに中央集権的であり、画一的であった。このため地域の個性や魅力が失われがちであった。

　これらの地域を再生し、その活力を取り戻すためには、定住人口だけでなく、観光客などの交流人口を増やすことと、地域の特色づくりが不可欠である。その決め手となるのが、地域に人を引き寄せる観光である。

　政府は2005年に地域再生法を制定し、既に各種の地域再生事業を支援している。その多くは広い意味で観光に関連する事業である。少子・高齢化が進むなかで、いかなる政策を講じても定住人口の低下に歯止めがかからないからである。

　このため、買い物やイベント、観光などで、地域を訪れる交流人口の拡大による地域活性化が重要にならざるを得ないのである。

観光資源を活かすブランドコミュニケーション

観光をめぐる市場と社会の変化

　国内の観光市場は1990年代前半まで緩やかな増加傾向をたどってきた。しかし、バブル崩壊以降は可処分所得の減少や、個人消費の抑制などで不振が続いている。
　また、日本社会の成熟化により観光形態も変化している。典型的には団体旅行から家族・小グループ旅行への変化である。
　かつては有名な観光地や温泉などを訪れる周遊型の団体旅行が主体であったが、現在は特定の目的を持ったこだわりの旅行が主流となっている。
　秘湯めぐりや映画のロケ地をめぐるツアー、ガイド付きのエコツアーなどで、満足度の高い旅行商品であれば、たとえ高価格であっても購入されている点に注意が必要である。
　観光学の研究者である西堀俊明氏と佐々木一成氏によると、国内旅行の低迷の原因は、社会変動という観点から見ると次の3つに集約できるという。
　第一に、供給側の要因として、上記のような顧客ニーズの多様化と高度化に対応できていない点を挙げられる。相変わらず団体仕様のセットサービスでは、海外旅行を経験して目の肥えた日本人客の満足は得られないであろう。
　第二に、体験型や学習型にシフトしつつある顧客ニーズに応じた観光商品の開発、優れた街並みや景観、それに合う食や特産品の提供など、魅力ある観光まちづくりを行える人材が大幅に不足している点を挙げられる。
　第三に、娯楽情報が社会にあふれるようになり、観光情報のインパクトが相対的に低下している点を挙げられる。
　消費者が豊富な娯楽情報に囲まれ、余暇活動の選択肢が広がる一方で、観光地の魅力を伝える情報が届きにくくなっているのである。

第1章 地域の資源を活かすマーケティング

ブランドコミュニケーションの重要性

　どんなに付加価値の高い観光商品であっても、その価値が消費者に伝わらなければ商品の購入にはつながらない。付加価値は消費者に伝わってはじめて「魅力」となる。伝わらなければ単なる「自己満足」でしかない。
　このため、観光地のブランドの構築には、ブランドコミュニケーション（付加価値の伝達）がきわめて重要といえる。
　消費者に魅力を感じてもらうには、「誰に伝えるか」を明確にする必要がある。漠然と大多数を対象としていたのでは、魅力は消費者の心に響かない。
　対象は観光客なのか、地域外の人なのか、それとも地域住民なのか。中心となる対象を決めて、その人たちに魅力を感じてもらえるようにすることが先決である。
　対象が決まれば、「いかに伝えるか」という方法が絞られてくる。消費者に魅力を感じてもらうためには、消費者が興味を持つような情報として伝える必要がある。そのためには、イメージしやすい情報にすることが重要である。
　たとえば、1枚の絵、1つのイラスト、ひと言のキャッチフレーズ。ひと目でその魅力を伝えられれば、消費者の心に届きやすくなる。
　加えて、消費者が関心を持つような「話題性」を演出できれば、対象客に理解されるだけではなく、その周辺に商品の認知や興味が「伝染」するという効果も期待できる。これがブランドコミュニケーションの目指す効果である。

観光資源の分類

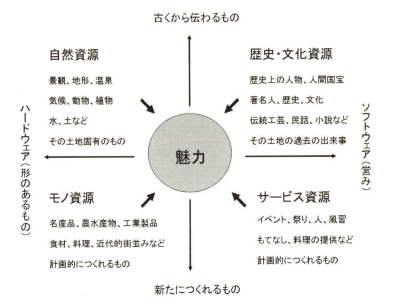

出所：田中章雄『事例で学ぶ！地域ブランドの成功法則33』142頁の図を一部改変

地域ブランドをつくるマーケティング手法

付加価値の伝達が重要

　付加価値は消費者に伝わってはじめて「魅力」となる。伝わらなければ単なる「自己満足」でしかない。
　このため、地域ブランドの構築には、ブランドコミュニケーション（付加価値の伝達）がきわめて重要といえる。前の節でこのように書いた。

広告とともに広報が重要

　ブランドコミュニケーションでは、「広告」とともに「広報」が重要である。媒体に広告料金を払って、発信者が消費者に情報を伝えるのが広告である。
　これに対して、媒体の編集部を介して加工した情報を消費者に伝えるのが広報である。お金を払ってメッセージを伝えるのが広告で、魅力でメッセージを伝えるのが広報であるともいえる。
　消費者が欲しいと思う情報ならマス・メディアも取り上げてくれるし、そのような情報でなければ、ブランドコミュニケーションは成功しない。

インターネットの活用が効果的

　もうひとつ効果的な方法はインターネットの活用である。ソーシャル・ネットワーキング・サービス（SNS）やブログなど、消費者が自らの言葉で気軽に情報の発信ができるようになり、コミュニケーションのありようも大きく変わってきた。
　たとえば、まちづくりに携わる人の間でも、ブログの活用者が増えている。消費者にとって、その地域での取り組みが見えるので、読んでいるうちにファンになってしまうという効果がある。
　インターネットでは消費者同士が網の目のようにつながっていて、消

費者目線の意見を交換し合ううちに世論が形成されてしまうという構造になっている。したがって、多くの広告を出さなくても、消費者発のヒット商品をつくることは可能である。

　そうするためには、消費者が購入した商品やサービスが、その人の期待を超えており、その様子をインターネットに書き込んでくれる必要がある。

　そのためには、消費者が話題にしやすいような情報を提供する、あるいは、その商品が話題になった時には、手軽に情報を入手できるよう、情報をあらかじめ発信しておく必要がある。

　マーケティング２・０

　こうした消費者による「伝染・伝達」の効果を活用したマーケティングの手法は、川上から川下へと情報を流す従来のそれと異なっている。インターネット時代ならではの「マーケティング２・０」と呼ばれる手法である。

第 2 章

スポーツビジネスのコミュニケーション戦略

スポーツという商品の特色

　スポーツマーケティングとは

　スポーツマーケティングとは、スポーツのメディア価値を取引の中核とするマーケティングの手法・領域のことである。
　テレビというメディア産業の発達により、スポーツは大きな価値を持つようになり、その価値をもとに事業が成立した。1970年代のことである。

　スポーツのメディア価値

　メディア価値を持つようになった理由は、テレビ番組に適しているからである。スポーツはイベント性や公共性があり、視聴者の年齢や性別に関係なく楽しめるわかりやすさがある。視覚に訴える動きがあり、見て楽しいという特性も強い。このため、スポーツ番組は大衆の好むソフトとして巨大な需要を生み出した。
　スポーツマーケティングでは、扱う対象がモノとしての商品ではない。メディア価値を法定した放映権や肖像権などの権利である。
　その業務は、
　①スポーツのメディア価値を高める開発過程
　②メディア価値を権利として法定し、顧客別に商品化し、価格をつけ、企画書・契約書をつくる過程
　③商品化された権利を販売する過程
　　の3つに大別できる。

　スポーツという商品の特色

　市場は、供給者（売り手）がメディア価値（商品）を顧客（買い手）に提供し、売買が成立するという構造である。スポーツマーケティング

では次の３種類の顧客が存在する。
　１つはファン（観客）
　２つめはテレビ放映権料を払う放送局
　３つめはメディア価値を利用するスポンサー企業
　このうち、ファンは入場料を払ってくれるお客であるとともに、試合を盛り上げてくれる経営資源でもある。つまり、ファンはスポーツという商品の価値を高めてくれる貴重な存在なのである。これはスポーツという商品の大きな特色である。
　スポーツチームにファンが増えるとメディアが取り上げる。メディアが取り上げるとメディア価値が生まれる。メディア価値が生まれるとスポンサーがつく。したがって、観客の動員を増やすことがメディア価値を高めるうえで最も重要なのである。

スポーツはモラル形成に優れたソフトである

スポーツマンシップの本当の意味

　私は2009年4月から2年間、多摩大学大学院経営情報学研究科で学んだが、「現代人の倫理観が変わるかもしれない」と思える講義に遭遇した。「スポーツビジネス」という講義の一環として行われた「スポーツマンシップ」の講義がそれである。
　スポーツマンシップといえば、「スポーツマンシップに則り、正々堂々と戦います」という、あの選手宣誓を思い起こす。が、同授業を担当する広瀬一郎教授によると、日本ではその意味が「致命的なほど」理解されていないという。スポーツマンシップとフェアプレーが混同される傾向も強いという。
　スポーツマンシップとは、相手や規則、審判を尊重する倫理的精神を指す。この3つを尊重しなければスポーツは成立しない。これらを尊重することは、ゲーム自体を尊重することにもなる。
　ここから「規則や審判に忠実」「最善を尽くす」「勝って誇らず」「負けて悔いのない態度」などが導かれる。これらの人格的な総合力がスポーツマンシップである。

モラルはスポーツで身につく

　スポーツマンシップはきわめて現実的な倫理である。スポーツは優れた人格を修練して身につけさせる多くの実践的機会を提供する。「ドラマティックな勝負」「目標に向けて努力すること」「厳しい試練を乗り越えること」を通じて、人々にかけがえのない価値を体験させられる。
　モラルは教え込んでも容易に身につかない。経験を通して自らがしっかりと考え、そのうえで的確な判断力を養うことではじめて身につけられる。モラルは修練によって獲得形成するものといえるのである。
　スポーツの第一の目的は勝つことにある。そのため負けることは大変

辛くて悔しいことになる。が、負けたときの態度こそ「スポーツマンらしさ」を判断する最高の基準になる。

　負けて悔しいときに潔く負けを認め、相手を称えるような態度をとることは難しい。それができるのは、自分をよくコントロールできるスポーツマンである。自分をコントロールできる人は次の試合に備え練習し強くなる。そういう人は社会でも正しく振る舞える。

　だから、スポーツマンシップの身についたスポーツマンとは、単にルールに従い、行儀の良い態度を示す人ではない。倫理的な態度や価値観を身につけた人を指すのである。世界のトッププレーヤーはこの精神を身につけた人が多い。

モラルが経済成長を支える

　今日、経済成長を支える基盤のひとつとして、教育が重要であることは論を待たない。その教育レベルとは知的生産力と考えることが可能である。知的生産力とは思考力、知識量、意欲の３つで表せるが、意欲または意志力は倫理的な領域に属し、他の二者に及ぼす影響が大きい。

　たとえば、思考力を高めるには向上心や探究心、忍耐力が必要だ。この領域を修得するにはスポーツが適している。スポーツはモラル形成のうえで優れたソフトなのである。スポーツの大きな特色である。

スポーツ産業における戦略的マーケティング

　スポーツ産業の特徴

　スポーツ産業において戦略的マーケティングが重要な理由は、同産業の次の特徴に由来する。
　①マス・マーケティングが効きにくい
　②顧客データの収集コストが低い
　③ブランドスイッチ（他のチームへの乗り換え）が起きにくい
　④コミュニティをつくりやすい
　⑤年間の稼動日数が少ない
　スポーツチームが年間に稼動する日数は他の産業に比べて極端に少ない。そのうえ、大きな収益源である入場料は、不安定要因であるチームの戦績や天候に左右されるため増やすことが容易ではない。
　しかも、新規顧客の獲得コストはリピーター客の獲得コストに比べて５～６倍と見込まれている。このため、コストパフォーマンスの観点から、戦略的マーケティングがきわめて重要なのである。
　スポーツ産業のファンやサポーターは、自分が応援するクラブや球団への思い入れが非常に強いため、よほど不快な思いをしない限り、他のクラブや球団に乗り換えることは少ない。
　また、クラブからのアンケート調査に対しては返答率が高く、ファンクラブなどのコミュニティもつくりやすい。
　こうした特性から、戦略的マーケティングの導入によって優良顧客を囲い込むことができれば、安定的な収益をもたらしてくれるため、その導入は効果的なのである。

　顧客の視点に立つ戦略を

　戦略的マーケティングの実施にあたっては、顧客戦略の策定が前提となる。顧客の視点に立った戦略があってこそ、はじめて効果を発揮する

からである。
　また、その戦略を有効に機能させるには、部署間の連携を進め、顧客情報の活用方法を共有化する仕組みづくりが必要である。
　スポーツチームは上記のとおり、稼動する日数が限られている。観客の来場時は大切な収益獲得の機会となる。このため、グッズや飲食などの売り上げを最大化するため、顧客情報の活用方法を部署間で共有化する態勢の整備は必須の検討事項となる。

　顧客は大切な経営資源

　ファンは入場料を払ってくれる顧客であると同時に、試合を盛り上げてくれる経営資源ともなる。つまり、スポーツという商品の価値を高めてくれる貴重な存在なのである。
　ファンという存在は選手のパフォーマンスにも大きな影響を与える。会場にファンが多ければ多いほど、選手はやる気を出す。声援が多ければ多いほど選手は励みになる。
　多くのファンが詰めかけた試合はファンの満足度を高める。「人気ゲームを観戦できた」という満足感である。
　ファンが会場を埋め尽くした場合は、それ自体が宣伝効果を生む。人の注目を集める。関心を呼ぶ。試合に足を運びたい気持ちにさせる。マス広告よりもはるかに効果的である。これらの理由により、顧客はスポーツ産業にとって大切な経営資源といえるのである。

スポーツマネジメントで重要な
3つのコミュニケーション戦略

ミッションとビジョンの明確化

　スポーツマネジメントで重要な3つのコミュニケーション戦略とは次のとおりである。
　①ミッションとビジョンの明確化
　②利害関係者の把握
　③媒体別の戦略
　第一に必要なのは、組織の構成員が共有するコミュニケーション基盤を確立することである。具体的には、組織のミッションとビジョンを明確化し、全員に理解させることである。
　マネージャーがミッションとビジョンを明確にできなければ、必要なときに必要な情報を各部署に伝えても成果を上げられないからだ。組織構成員のミッションとビジョンに対する理解が不足しているならば、円滑なマネジメントは成り立たないからである。

利害関係者の把握

　第二に、社内外の利害関係者を正しく把握し、誰からどんな情報を収集し、どのような分析、加工、発信をするのかが重要である。
　スポーツ組織にとっての利害関係者とは、社内では社員であり、社外では株主、協会・リーグ・他チーム、ファン、メディア、スポンサー、自治体に大きく分けられる。
　たとえば、ある自治体は文化振興や地域おこしに頭を悩ませているかもしれない。この場合、地域おこしでチームが貢献できる提案（情報発信）をできれば、自治体との関係を強化し、チームにとっての好ましい情報を収集でき、地元からの支持者が増える可能性がある。

第2章　スポーツビジネスのコミュニケーション戦略

媒体別の戦略

　第三に必要なのは、情報を発信する媒体別の戦略である。たとえば、静岡のジュビロ磐田がニュースリリースを発信する場合、地元の静岡新聞では大きく扱う可能性があるため、試合結果や監督、選手のコメント、見どころ、写真など詳しい情報を発信するほうが好ましい。
　しかし、朝日新聞など全国紙では記事の扱いが小さくなりがちのため、簡潔なリリースのほうが望ましい。
　このように情報を発信する際は媒体別の戦略が重要なのである。

スポーツビジネスにおける経営戦略の核心とは

　広瀬一郎編著『スポーツマネジメント 理論と実際』（東洋経済新報社、2009年）によると、スポーツビジネスにおける経営戦略の核心は、スポーツ競技とビジネスの成功を両立させることにある。楽天球団の社長、島田亨氏のマネジメントは、まさしくこの両立を果たしつつあると思われる。
　ある日、多摩大学品川キャンパスに島田亨氏が来校された。同大学院で開講されている科目のひとつ、「スポーツビジネス」のゲスト講師として来られたのである。以下はその講義の要点である。

　楽天球団のブランディングコンセプト

　島田氏は社長に就任後、まず、チームの存在目的となるブランディングコンセプトを定め、それを具体化するためのミッションを考案した。そのうえで、目標達成のための資源を配分し、実行していった。実行の結果は数値化して検証し、不足な点は改善した。
　島田氏のマネジメントは明確に構造化しているのである。島田氏が定めたブランディングコンセプトは次のとおり。
　①地元からの支持強化
　②全国的知名度の向上
　③チームの強化
　島田氏はディズニーランドのコンセプトに習い、ミッキーマウスのキャラクターだけでなく、非日常やファンタジーなどの世界観や夢を球場という「場」を通じて伝え、お客さんの共感を得るという手法を徹底して実行した。
　はじめに従業員にコンセプトを体感させ、それを従業員がお客さんに伝えて共感を創出した。エンターテインメントの場づくりとして、球場、トイレなどを改修し、選手のベンチを高級化し、球場の外周部にイベントを開くゾーンを設置して意外性のある催しを行うなど、エンターテイ

ンメントの場づくりを進めた。

地元からの支持と知名度の向上

　地元の人とのコミュニケーションを図る方法としては、島田氏による企業・経済団体向け講演会、マスコットおよび選手による幼稚園、小・中・高校への訪問、一般社会人向け野球塾の開催などを行った。
　フィールドサポートプログラムとして、東北楽天ゴールデンイーグルスの名称を冠した球場を各県に増やした。ボランティアスタッフを募り、ゴミの分別回収、お客さんのシートへのご案内、ツアーのガイド役等をしてもらった。
　一方で、お客さんの目線に立って球団への改善提案も寄せてもらった。シートオーナーズチャリティとして、年間シートを購入したお客さんで、未使用になったチケットは回収して老人などの招待に使用。社会福祉貢献への喜びを味わっていただいた。
　こうした数々のミッションにより、楽天球団は後にシーズン110万人の観客動因を実現した。

楽天球団チームの強化策

　チームの強化策として、ヒットは打つが長打力が不足、抑え投手の不在、守備力の低迷など、チームの戦力を詳細に分析した。選手の評価方法を変えていき、モチベーションのアップを図った。巨人のように高額の報酬でスター選手を入れて強化するのではなく、適正な報酬で選手を育てていった。選手の人件費など固定費のかかる事業特性を強く意識しつつ、コスト抑制とチーム強化の両立を図っていった。

スポーツ成果とビジネス成果を両立

　マネジメントの要素を1つひとつ因数分解して事業を展開する手法は見事である。スポーツ成果とビジネス成果の両立を果たしつつある島田

氏のマネジメントは、リーグ全体に刺激を与え、そのレベルアップに貢献すると思われる。

第3章

国家経営と産業文化

世界に誇るモノづくりと勤勉 日本の美徳を取り戻せ

カネは人間を狂わせる

「カネに翻弄されるのは、まあ、人間やええとしよう。カネっちゅうものは人を変えてしまうのや。カネは人を裏切るさかいに。裏切られたら、今度はどうや。人はカネを憎む。カネを憎む心は荒（すさ）んだ心や。その心は人をも憎む。大切な人を傷つける。大切な人を悲しませる」

日本テレビ系で2009年に放映されたドラマ「華麗なるスパイ」で、主人公の秘密諜報部員、鎧井京介（長瀬智也）が、経済テロリストの紅井令子（白羽ゆり）にいったセリフである。

このセリフにあるとおり、カネは賢明な人間を狂わせるパワーを秘めている。カネが目的で家族を殺すことだってある。カネの魔力は家族愛も忘れさせてしまうのだ。

ライブドアの前社長、堀江貴文氏はかつて「カネで買えないものはない」と豪語したが、そう錯覚する人間がいても不思議ではない。

カネで愛情や幸福は買えない

だが、カネは万能ではない。愛情もカネで買える場合があるが、それは「見せかけの愛情」である。真の愛情はカネで買えない。

人間はカネを豊富に持ち、生活に何ら困らなくても孤独では喜びが得られない。養老院に放って置かれたり、親や夫や妻の愛情が得られなかったりすると、非常な苦しみを感じ、時には自殺する者も出てくる。

カネで愛情や幸福は買えないのだ。カネは人間を幸福にするためのひとつの「手段」であるが、人間はカネを追い求めるうちに金銭的刺激に溺れ、知らぬ間に大切な価値を見失ってしまいやすい。経済学者のガルブレイスは、そうした人間の愚かさを『バブルの物語』（ダイヤモンド社、2008年）に書いた。

日本の美徳を取り戻せ

経済学では一般的に、人間は合理的な判断をする「経済人」であるという前提のうえで議論を組み立てている。

それに対して行動経済学では、人間は思い込みやすく、誘惑に弱く、大勢意見に同調しやすい傾向があるとしている。後者の方が人間の実態を突いていると思われる。

アメリカ発の金融危機が発生して以降、金融資本主義の強欲さ、腐敗、悪行を糾弾する議論が盛んである。

上記のとおり、人間は誘惑に弱く、大勢意見の影響を受けやすい脆（もろ）い存在であるとすれば、資本主義の強欲さや悪行を指弾し、注意を促すだけでは問題解決につながらない。自信を持って向かうべき方向を示さねばなるまい。

多摩大学の寺島実郎学長（日本総合研究所会長）は月刊「世界」誌2009年2月号で、次のように書いている。

「資本主義を発展させてきたものは、抑制の効いた向上心であり、競争を通じた自己研鑽、質素倹約を旨とする合理性であった。その美徳が影を潜め、強欲なカジノ資本主義に堕していった」

そのうえで、世界で評価されている日本の産業力とそれを支える技術力、モノづくりなど実体経済への回帰を提言している。まさに同感である。

カネのためにカネを追いかけるマネーゲームに明け暮れるのではなく、いまこそ、額に汗して実業にコツコツと取り組む勤勉を取り戻すべきではないのか。

米国の対中文化戦略 百年の計が実りつつある

米中留学交流の端緒

朝日新聞2009年7月23日付はそのコラムで、次のように米中留学交流の端緒を紹介している。

清朝末に起きた「義和団」の排外騒乱は清朝がこれを支持したため対外戦争となり、制圧した列強8カ国が巨額の戦争賠償金を請求した。1900年の義和団事件である。

支払いに苦しむ中国に対して、当時のセオドア・ルーズベルト大統領は1908年、賠償金を教育費として中国に返還するように決めた。1909年から4年間は毎年100人、以後50人ずつを米国に留学させる計画だった。

ところが、1909年の合格者は48人。定員割れが生じたため、1911年に賠償金で予備校の清華学堂を建てた。英語を4年間学ぶと米国の大学に編入学できることにした。米国への留学は中国共産党が政権を取るまで続いた。

このため今日の中国には米国留学の経験者が多く、米中の人脈は意外なほど深く築かれている。

米中留学交流の背景

私は多摩大学大学院の沈才彬（シン・サイヒン）教授の講義「現代中国論」で義和団事件の背景を聴いていたため、朝日新聞の記事を興味深く読んだ。沈教授は同講義のなかで義和団事件の概要を次のように話された。

1900年、中国・山東省で排外主義を標榜する義和団事件が勃発した。時の権力者であった西太后は義和団への支持を表明するとともに、中国の半植民地化をもくろむ列強諸国に宣戦布告を発した。

列強諸国には、イギリス、アメリカ、ロシア、フランス、ドイツ、イ

タリア、オーストリア、日本の8カ国が名を連ねた。中国の決定に反発した列強8カ国の連合軍は中国を攻撃し、辛丑（しんちゅう）条約を中国に承諾させた。

　この条約で中国に課せられた賠償金の総額は、当時の日本円に換算すると約6億8000万円。アメリカはこの賠償金のうち約1670万円を中国に返還。清華大学の前身、清華学堂を設立した。同学堂は米国留学の予備校となった。

　米国の対中文化戦略

　この戦争賠償金の一部返還を提言した人物はイリノイ大学のジェームズ学長である。同学長は「中国自身が支払った賠償金を還元する形で、中国の若者たちを教育することができれば、精神面とビジネス面において、将来的にはアメリカにとって大きな収穫になる」と考えた。
　同学長の提言を受けて、セオドア・ルーズベルト大統領は1907年12月3日、議会で次のように演説した。
　「われわれは自らの実力をもって中国の教育を支援し、この国をして徐々に近代的な文化に融合させるべきである。支援の方法は賠償金の一部を返還し、中国政府をして中国人学生をアメリカに留学させる」と述べたのである。
　1908年5月、米国議会は決議案を採択し、賠償金の一部を中国に返還、アメリカ留学予備校の設立を実現した。長期戦略に基づく米国の優れた対中文化戦略といえよう。

　いま、バナナ族が中国を変える！

　沈教授によると、中国では2009年7月現在、清華大学の出身者と米国留学の経験者が政財界等で活躍しているという。
　胡錦濤・共産党総書記、朱鎔基・元首相、習近平・共産党政治局常務委員の3人は清華大学の出身者。分税制改革提言の第一人者、胡鞍鋼・清華大学教授はハーバード大学に、林毅夫・世界銀行チーフエコノミス

トはエール大学に、中国ポータルサイト最大手の捜狐 CEO の張朝陽氏はマサチューセッツ工科大学に留学している。

　中国を熟知しつつ欧米人の理念を兼ね備えている人々を、中国では「バナナ族」と呼んでいる。バナナ族は留学中に築き上げた国際ネットワークを持っており、卓越した情報力と行動力を武器に、冷静な分析を行い素早い決断を下す。彼らはいま「中国の改革開放の原動力となって」おり、「第2期胡錦濤政権及びポスト胡錦濤体制の主流になっていく」だろう、と沈教授はみている。

　米国の対中文化戦略百年の計が実りつつある。

第4章

時代の変化に追いつけない企業の硬直性

パラダイムシフト

不正行為が常態化

　企業は1980年代まで重要な情報を独占していた。終身雇用制により、企業に対する社員の忠誠心は強かった。企業が情報開示を求められる仕組みや社会風潮もなかった。官庁やマスコミは不祥事に対して寛容だった。
　このため、企業は法律に触れる業界・組織の慣習を平気で行っていた。たとえば、食品業界は食品衛生法を遵守するが、消費者保護規制は無視して産地偽装などを行っていた。今日、悪評高い「談合」も必要悪として暗黙のうちに認められていた。そのため、不祥事に関する情報はほとんど社外に出なかった。

パラダイムシフト

　ところが、1990年代から東西冷戦の終結とバブル崩壊を契機として、経済のグローバル化、規制緩和による自由競争の激化、情報公開制度の整備、インターネットの普及など、時代背景の変遷により企業をめぐる社会経済状況と市民の意識は大きく変わった。すなわち、パラダイムシフトが起きたのである。
　具体的には、規制緩和とともに行政による事前介入が廃止されてゆき、それに伴い法的インフラの整備が進んだ。結果、違法行為に対する法的制裁、被害者に対する救済措置の実施など、各企業への事後責任が求められるようになった。
　証券取引法の改正による情報開示の強化、インターネット普及による企業の情報独占の終焉、「もの言う株主」の増加等により、もはや不祥事を隠すことが不可能になった。
　また、雇用の流動化が進んだ結果、企業への帰属意識の弱い社員が増え、内部告発が増大した。

第4章　時代の変化に追いつけない企業の硬直性

不祥事発覚の実情

　このようなパラダイムシフトにより、1990年代から不祥事の「発覚」が多発するようになった。不祥事は「多発」するようになったのではなく、発覚するようになったというのが実情である。
　しかし、このような時代の変化に気がつかない、あるいは気がついていても変われない企業と経営者が多いため、これまでの業界・組織の慣習を繰り返し、不祥事として糾弾される例が後を絶たないのである。

企業をめぐる社会経済状況の変化

従来	現在
「経済環境」	
国内（ローカル）ルール　→	国際的（グローバル）ルール（市場自由化）
「公的部門」	
行政の事前規制・介入　→	事後チェック・制裁
中央主導　→	地方分権
公共事業中心の地域開発　→	成長分野に重点投資
「雇用制度」	
長期雇用　→	雇用の流動化（派遣、中途採用）
年功賃金　→	成果主義の導入

川野憲一『企業不祥事』56頁の図表を一部改変

年代別に見た企業不祥事の特徴とは

　企業の不祥事が後を絶たない。といっても、不祥事は「多発」するようになったのではなく、時代の変化により、不祥事が「発覚」するようになったのである。それは前節でも述べた。
　1980年代から2000年代にかけて、時代背景がどのように変化したのか、年代別にみてみよう。

1980年代の不祥事の特徴

　企業不祥事はこの年代のほうが悪質だった。トップの指示、あるいは企業風土により、全社一丸となって行われていた不祥事が多い。総会屋への利益供与、談合など、不祥事を不祥事とも思わず、会社の人間はみんなが知っているという状況が多かった。
　企業が重要な情報を独占し、企業に対する社員の忠誠心も高く、情報開示を求められる仕組みも社会風潮もなかった。つまり、不祥事に関する情報がほとんど社外に出なかったのである。
　官庁やマスコミも不祥事に寛容であり、食品業界は食品衛生法を遵守するが、消費者保護規制は無視して産地偽装などを平気で行っていた。建設業界は談合を必要悪として行っていた。企業のトップは総会屋や政治家と癒着し、多額の利益供与をしていた。不正な利益の享受は「役得」として理解されていた。建前よりも本音が通用する「ムラ社会」であったといえる。

1990年代の不祥事の特徴

　バブル期には銀行による暴力団、仕手筋、不動産業者に対する巨額融資、証券会社による大企業への損失補てんなど、トップの方針により会社ぐるみでコンプライアンスやリスク管理の観点から問題のある不正が行われていた。総会屋に対する利益供与は当然のことのように行われて

いた。銀行では「向こう傷を恐れるな」「すべての預金者を債務者にせよ」などの指示がトップから出されていた。証券会社では個人客を「ごみ」と呼んでいた。

　バブルの崩壊期には、それらの不祥事が発覚し、違法行為が明らかになり、多くの銀行や証券会社、不動産会社の経営者が刑事責任を問われ、辞任に追い込まれた。山一証券、日本長期信用銀行、日本債権信用銀行、三洋証券などが破綻した。

　1990年代から冷戦構造の崩壊を遠因として、経済のグローバル化、規制緩和等による競争の激化、情報公開制度の整備、インターネットの普及など、さまざまな要因によって企業のあり方と国民の意識は大きく変わった。

　具体的には、規制緩和とともに、行政指導による護送船団方式が廃止され、それに伴い法的インフラの整備が進んだ。結果、違法行為に対する法的制裁、被害者に対する救済措置の厳正な実施が求められるようになった。

　民事訴訟法の改正による文書提出義務の拡充、証券取引法の改正による情報開示の強化、インターネットの普及による企業の情報独占の終焉、クレーム情報の即時拡大、「もの言う株主」の増加等により、不透明な手続きで不祥事を隠すことが不可能になった。また、雇用の流動化が進んだ結果、企業への帰属意識の弱い社員が増え、内部告発が増大した。

　このような時代の変化により、不祥事の「発覚」が多発するようになった。

2000年代の不祥事の特徴

　摘発が続いたことから、トップによる会社ぐるみの不祥事は減り始めた。次第に社員による不正、あるいは過失による事故であるにもかかわらず、その後の危機対応が拙劣な場合は、企業に対する信頼が一気に低下し、企業の存続にかかわる不祥事に発展する例が目立ち始めた。

　雪印食品、日本ハムによる牛肉産地偽装事件、雪印乳業の食中毒事件、ダスキンの無認可添加物使用肉まん販売事件など、社員が軽く考えて行

った不正などで危機対応に失敗し、大きなダメージを受ける事例が増えてきた。

　ただし、2005年から2006年にかけては、保険会社による保険金不払い事案が会社ぐるみで行われており、それらが相次いで発覚した。

第4章　時代の変化に追いつけない企業の硬直性

情報が上がりにくい縦型組織の構造

不祥事を起こす企業の特徴

　弁護士の中島茂氏によると、不祥事を起こす企業は、トップに対してリスク情報が上がらない傾向が強いという。このため、内部告発で不祥事が発覚してはじめてトップが事態を知ったという事例が少なくない。
　たとえば、日本ハムの牛肉偽装事件では、子会社の不正行為をグループ全体で隠ぺいしていたにもかかわらず、グループのトップである社長（当時）と、創業者である会長（当時）は偽装の事実を知らなかった。
　雪印乳業の食中毒事件でも、記者会見の場で社長の知らない事実が部下によって明らかになった。いずれの場合も、もし、企業トップにまで情報が上がっていたら、もっと早い段階で事態を収拾できたかもしれない。

縦型組織の構造的特性

　マイナス情報がトップに上がらない原因として、組織の構造的特性が考えられる。
　第一に、トップから一般社員へと組織が縦型の階層構造になっているためである。縦型の階層組織はトップに権威と権力が集中し、命令や指示、従うべき規範は上から下に伝えられる。構成員は階層上の地位を上がるごとに価値を見出すようになる。人間関係は上下を基本としてつながっており、横のつながりに弱い。上下関係は規則や法律以上に重要となる。
　このため、マイナス情報が下からは上がりにくい構造になっている。現場の提案や意見をトップに上げる場合も、中間管理職によって二重三重に承認されないと届かないため、情報が途中で歪曲・制限されたり、時には意図的に握りつぶされたりすることもある。大きな階層組織であるほど、そうした傾向は顕著になる。

第二に、トップ自らがマイナス情報を集めないためである。企業の規模が大きくなるほど情報は上がりにくくなるため、経営トップが積極的に現場の声を吸い上げようとしない限り、リスク情報は集まらない。

トップ自らマイナス情報を拾い上げる

　そもそも、上層部にとって耳の痛い情報、あるいは現場が隠したがる情報ほど上層部には上がってこない。だからこそ、マイナス情報は待っているだけでは集まらず、トップが現場に行って社員とのコミュニケーションを取るなどして、自らマイナス情報を拾い上げる努力が必要なのである。

縦型階層組織の構造的特性

- 複数の階層によって構成されている
- 命令、指示、従うべき価値・規範が上から来る
- 成員は階層上の地位を上る度に価値を見出す
- 人間関係が上下を基本とし、横の連携に弱い
- 権威と権力が経営トップに集中している
- 上下関係は規則や法律以上に重要となる

表　縦型階層組織の問題点

1) 情報が階層の上に伝わりにくく、途中で歪曲・制限されやすい
2) 負のフィードバックが利きにくい
3) 派閥主義が横行しやすい
4) 緊急時や突発事故への対応力が弱い
5) 規則や法律より上下関係が重視される
6) 組織が閉鎖的になりやすい

出所：蘭千壽・河野哲也『組織不正の心理学』31頁の図を一部改変

第4章　時代の変化に追いつけない企業の硬直性

悪しき企業風土の呪縛

悪しき企業風土の呪縛

　不祥事が発覚すると、マス・メディアは不正を働いた人物に対して「モラルが欠如している」と追及する。
　しかし、社会心理学者の蘭千壽氏によると「不正に加担した人たちの多くは、しつけレベルでの道徳や常識を欠いた人物たちではなかった」。そのほとんどは、むしろ「よき家庭人であり、よき隣人であり、よき同僚であった」。
　「実際、事件報道を見た視聴者の多くは一歩間違えば自分も同じことをしていたと感じたはずである」と指摘する（蘭千壽、河野哲也編著『組織不正の心理学』慶應義塾大学出版会、2007年）。
　蘭氏のいうとおりであるとすれば、個人としては常識のある人たちが、なぜ、組織的な行動において不正に加担してしまうのであろうか。
　蘭氏は集団行動と個人行動の違いに着目する必要があるとしたうえで、「個人としてはごく常識的な人たちが、組織の力学の中で知らず知らずのうちに不正に加わったり、悪いとわかっていながら抵抗できずに不正行為に手を染めたりしてしまう」ことがある。これが「組織的不正の正体である」と述べている。
　すなわち、不祥事を起こすような組織には、個人の倫理観を歪める「集団力学」が働いており、「見えざるパワー」が存在するというのである。
　言い換えれば「悪しき企業風土」があったのである。雪印乳業の食中毒事件や三菱自動車のリコール隠し、不二家の賞味期限切れ牛乳使用事件など、社会問題となった不祥事の多くは悪しき企業風土が大きな原因であった。

不祥事を起こす企業の特徴

　蘭氏は悪しき企業風土のある会社には、次の3つの特徴があると指摘

している。
　1つめは、組織的な違法行為が常態化している点である。三菱自動車のクレーム・リコール隠しがそうであり、雪印乳業や不二家では、不衛生な食品の製造が日常的に行われていた。
　2つめは、不祥事が発生したときに、組織ぐるみで事件を隠ぺいしようとしたり、適切な対処を怠って被害を拡大させたりした点である。これは雪印乳業、三菱自動車、不二家の3社とも該当する。
　この2つめの特徴は、1つめの特徴から派生してくることに注意が必要である。なぜなら、不正の根本原因が組織構造や業務慣行にあるため、管理責任や連帯責任を恐れる人間は、不正の隠ぺいに加担してしまう可能性があるからである。
　3つめは、不正を犯した人間に罪の意識が弱い点である。このため、不正が発覚した際には「命令だった」「慣習となっていた」「いつのまにか、そうなっていた」「自分だけではなかった」と、責任転嫁や自己正当化が語られる場合が多い。
　また、問題の所在が明らかにされず、うやむやのうちに個人の処分がされた場合は、「運が悪かっただけ」ということになり、同じ不正が繰り返されることになる。
　経営学の研究者である稲垣重雄氏や谷本寛治氏が指摘するように、企業風土は不祥事の発生に大きく関わっているといえるのである。

第4章　時代の変化に追いつけない企業の硬直性

組織が形骸化するとき

組織は形骸化する

　創業者によってつくられた経営理念は、時間の経過と成長の過程で形骸化し、企業が「自己保存本能」と「惰性」で弱体化することがよく起こる。具体的には、官僚主義、縄張り主義、事なかれ主義、組織依存症、無関心などの蔓延がそれである。

人間は日常業務に埋没しがち

　私たちは日常業務を繰り返しながら仕事をしているが、ともすると慣れによる慢心や、緊急の問題処理の忙しさのなかで当面の事項だけに埋もれてゆき、自分の回りだけに視野を狭め、次第に全体が見えなくなってくる。
　そうした人々が増えてくると、現場から活力は消え、組織は硬直化し、社会の変化に対応できなくなってくる。その結果、創造性のない澱んだ企業風土と化してしまうのである。

分業化と成功体験の呪縛

　近代社会は生産性を高めるために分業の仕組みをつくり出し、経済的な繁栄を実現した。しかし同時に、その代償として仕事の意味を問わなくなってしまったのである。
　分業化のほか、過去に成功した企業も現状維持の風土をつくりやすい。過去の成功体験から生まれた仕事の手順や仕組みが現状維持の力を組織に及ぼすからである。
　縄張り主義や官僚主義はこのような土壌にはびこり、顧客ニーズや社会の変化など重要な情報を見逃し、問題を感じない人々の増殖をもたらすのである。

成功体験は改革の阻害要因となる

　過去の成功体験からつくられた知識や経験則、仕組み、既得権のうえにあぐらをかいていると、いつしか不祥事の発覚など危機に見舞われるものである。
　現在、多くの企業がこのような問題を抱え、改革の必要性を感じながらも解決できずにいる。それは改革の阻害要因が企業の風土にしっかりと根づいているからである。
　私たちは企業変革の必要性を感じつつ、心の奥では変化を拒んでいる。変化はこれまで築いてきた実績と、その実績を生み出した仕組みを捨てることになり、相応の「痛み」を伴うからである。それはほとんどの場合、思い込みの視野狭窄であることが多い。

第4章　時代の変化に追いつけない企業の硬直性

企業の構造的宿命

　倫理観の欠如

　不祥事が発生すると、マス・メディアは経営者の倫理観の欠如を激しく指弾する。それはきわめてわかりやすい不祥事の要因ではあるが、問題の本質ではない。あまりにわかりやすい答えというのは、しばしば物事の本質を隠ぺいする。「わかったつもり」になって、思考停止に陥るからだ。
　もし、倫理観の欠如が原因だとするなら、彼らに欠如していた倫理観は私たちにも欠如しており、マス・メディアが追及した経営者の金銭欲は、私たちも共有しているというべきであろう。そのような徹底した認識なくして、不祥事を減らしていくことはできないだろう。
　企業不祥事はいまに始まったものではない。いつの時代にもあった。いつの時代にも倫理観の欠如した経営者はいるし、詐欺まがいの商法もあった。
　だから、倫理観の欠如という答えは間違ってはいないが、「名門」「一流」「老舗」と呼ばれる信用のある会社が、なぜ、不祥事を起こしたのか、その説明にはなっていない。

　企業の構造的宿命

　問題の本質は経営者の倫理観にあるのではない。企業の構造そのものにある。不祥事を起こすのは、企業の構造的宿命ともいえるだろう。
　企業にとっての至上命令とは何か。利益の確保である。その利益を確保するために、経営者はできる限りの方法を駆使して努力しているのである。利益確保の至上命令を出しているのは、構造的には株式会社の所有者となる株主である。
　では、株主とはどのような人間か。株価が上がることを期待して株券を保有している人間である。以前は出資者としての側面が強かったが、

次第に投機家としての株主に変貌しつつある。
　その株主は企業が倫理的であるか否かには関心がない。製品の質や企業文化にも関心は薄い。短期的な利益を求める株主がいる限り、不祥事が起こり得る潜在的な可能性は常にある。経営者の報酬が会社の株価と連動している場合は危険性が増大する。

目的と手段の転倒

　利益を追求する企業活動が必ずしも不祥事を招くわけではないが、企業はそのような危険性と隣り合わせの構造を持っている。
　企業は本来的に、社会が望む製品やサービスを提供するために存在する。しかし、実際には企業の存続や利益の確保が目的となっており、製品やサービスの提供はその手段と化している。この目的と手段の転倒こそが、企業の実態である。
　実態としての企業では、存続のために利益を確保することが必須である。このため、企業の立場からすれば、存続するためにあらゆる施策を講じざるを得ないのである。厳しい生存競争のなかで短期的な利益に目を奪われて、法律や社会規範に抵触する企業があっても珍しくはない。
　企業にはこのような構造的特性があるため、「経営者個人」としては良心的でありながら、「組織人」としては時に社会倫理に反するような行動を抑え難いのである。企業不祥事という問題の根は深い。

第4章　時代の変化に追いつけない企業の硬直性

なぜ、日本人にはリスク感覚がないのか

危機対策をしない企業

　不測の事態が発生すると、誰でも慌てる。冷静にはなりにくい。まして緊急時の対応策をあらかじめ決めていなければ、組織は大変な混乱に陥る。
　どんなに優れた企業であっても危機は発生する。しかも、欠陥商品の出荷や社員による不正事件など、不祥事は突発的に起こるものである。
　ところが、実際には最低限の危機対策も行っていない企業が多い、と東京商工会議所は指摘する。なぜか。危機感がないからである。言い換えれば、リスク感覚が乏しいからである。

危機感が乏しい理由

　戦後の日本は平和で安全であったため、多くの日本人は「水と安全はタダである」という抜きがたい感覚を持っている。近年は凶悪犯罪や企業での事件・事故が多発し、「日本の安全神話は崩壊した」といわれるが、それでも危機感は乏しい。自社に危険が降りかかるまで、危機対策をしない企業は少なくない。同業他社に不祥事があっても、「他人事」としてとらえる経営者やビジネスマンは多い。
　日本は島国で周囲を海に囲まれ異民族に侵入された経験がない。戦争や周辺民族との紛争など、古来、軋轢を経験してきた欧米人は、リスクを回避するには努力が必要であることを知っている。が、日本人はリスクを我慢できず、逃げようとする。帝京平成大学の橋本直樹教授は『食品不安』（生活人新書、2007年）のなかで、このように指摘する。

企業が生き残れる環境

　日本の企業は戦後、行政の規制と保護の下で高度成長を果たした。行

政による護送船団方式によって、優良企業もそうでない企業も等しく生き残れる経済環境であった。

　何か問題が発生しても、行政機関に駆け込めば、何とか救済してもらえた。アメリカ企業という手本があったため、日本の企業はリスクを負うことなく、手本に従いながら成長できた。これらが日本人にリスク感覚が欠如する大きな原因となったのである。多摩大学大学院の河村幹夫教授は「統合リスクマネジメント」と題する講義のなかで、このように述べている。

　パラダイムシフト

　ところが、バブル崩壊以降、それらの経済環境は変わった。バブル崩壊とともに低成長時代に入った。規制緩和と市場開放、経済のグローバル化が進むなかで、企業は自由競争にさらされるようになった。行政の事前規制が減り、各企業の事後責任が問われるようになった。アメリカ企業の真似をしているうちは失敗が少なかったが、アメリカに追いつき、アメリカ企業が有力なモデルでなくなってからは、日本の企業の失敗が増え始めた。真に創造的な製品・サービスを生み出せない閉塞状況のなかで、不正行為に手を染めた企業も少なくない。これが日本の企業が置かれた状況ではなかろうか。

　企業人はこのようなパラダイムの変化を冷静に認識する必要がある。この認識が不祥事をめぐるリスクマネジメントの原点となるのである。

第4章　時代の変化に追いつけない企業の硬直性

変化する企業が生き残る

企業と社会意識の乖離

　不祥事が発生する最も大きな原因は、企業をめぐる時代背景の変遷にある。ところが、時代の変化に気がつかない、あるいは気がついていても変われない経営者や企業が多いため、従来の業界や組織の慣習を繰り返し、社会から糾弾される事例が後を絶たないのである。
　時代が変遷するなかで、多くの企業は旧態依然の状態にあるが、社会意識は大きく変わった。市民の意識が高揚し、社会性や人間性を無視した企業の利益追求を認めない考え方が定着しつつある。もはや企業と経済成長を優先する考え方は通用しなくなってきたのである。このように企業と社会の間には意識上の乖離（かいり）が生じている。
　内部告発もこうした企業と社会の乖離という背景から生まれているのである。そのため、『内部告発』（辰巳出版、2008年）を書いた諏訪園貞明氏が指摘するように、経営者のなかで「うちの会社では内部告発する者はいない」「うちの会社では不祥事なんか起こるはずもない」などと甘く考える人が少なくない。社員を信頼する姿勢は大切であるが、楽観できる社会状況ではなくなってきたのである。

公益に対する顧慮が必要

　不祥事が発生すると、これまで多くの企業は記者会見の場で経営トップが頭を下げ、関係者を処分し、「以後コンプライアンスを徹底します」といった精神論的な防止策の表明をしてきた。いわば、その場しのぎの対応をしてきたのである。
　確かに従来はその場しのぎの対応で世間は納得してくれた。その背景には、企業と市民の双方に「運悪く不祥事が発覚してしまった」「どこの会社でも何らかの不正行為をしている」という意識があったからである。

しかし、時代は変わった。公益を顧慮しない企業活動は、人々の生命、健康、財産、プライバシー、環境、雇用労働などに脅威を与え、やがて社会からの信頼を失い、企業の存続自体も脅かされる時代になったのである。市民の多くが持続可能（サスティナブル）な社会を求めるようになったからである。

時代遅れの組織構造

さて、ここで企業の構造的特性について振り返ってみよう。経営組織は縦型の階層構造になっており、経営トップに権威と権力が集中している。会社の方針や目標は上から下に伝えられ、命令・統制型の組織構造になっている。

手順に従った型どおりの仕事をする工業化社会の時代は、その構造が時代状況に合致してうまく機能していたが、柔軟な問題解決や創意工夫が求められる情報化社会の時代に入ってからは足かせになり始めた。

経営学者のアージリスが指摘するように、過半の企業では、会社の方針や目標に異議を唱えることは社内の不文律になっており、会社にとって不都合な情報は上層部には上がらないのである。このため、現場では悪い情報を隠したり、改ざんしたりして組織を危機にさらすのである。

変化する企業が生き残る

しかしながら、命令・統制型の組織から学習・問題解決型の組織に変革するのは、容易ではないにせよ、不可能ではない。その鍵はトップが握っている。

なぜなら、トップ自らが現場に行き、耳の痛い問題情報も怒らずに聞く姿勢を見せるならば、組織の変革は可能だからである。

経営コンサルタントの畠中洋一郎氏は『強い企業のリスクマネジメント』（東洋経済新報社、2009年）の「まえがき」で、こう書いている。

「最も強い者が生き残るのではない。最も賢い者が残るのでもない。唯一生き残れるのは、変化する者である」

また、経営学者のピーター・ドラッカーは『明日を支配するもの』(ダイヤモンド社、1999年)の第3章で、次のように語っている。この言葉をもって本節の結びとする。

「急激な構造変化の時代にあっては、生き残れるのは、自ら変革の担い手、チェンジ・リーダーとなる者だけである」

安全を脅かした事件・事故の一覧

分野	食品	医薬品	建設	自動車	電機	金融	化学	輸送	通信	医療	警察	廃棄物
安全を脅かした事件	食中毒事件	薬害エイズ	手抜き・談合	欠陥製品回収隠し	消費者対応	不正事件	危険物質	崩落事故	個人情報漏えい	医療事故	内部腐敗	ダイオキシン
生命	○	○	○	○	○		○	○		○	○	○
健康		○					○			○		○
財産			○			○			○		○	
プライバシー									○	○		
社会	○	○	○	○	○	○	○	○	○	○	○	○
労働	○	○	○	○	○	○	○	○	○	○	○	○

高巖ほか『よくわかるコンプライアンス経営』13頁の表を一部改変

第5章

健全な企業風土の醸成

理念は企業の体質をつくる

理念は企業の体質をつくる

　組織とは複数の人々が目的を共有して協力し合う関係と集団である。組織には必ず目的があり、その目的をどのように実現するかという考え（理念）がある。この考えが組織の理念である。組織は生まれながらに理念を持っているのである。
　企業も生まれながらに理念を持っている。企業は創業者の志のもとに誕生するが、その志のなかには、創業者が意識するか否かを問わず「創業理念」が含まれる。
　創業者は会社設立の段階で、「どんな事業を行うか」「事業の将来性はあるか」「会社の社会的使命とは何か」「事業の計画をどうするか」などを考える。従って、創業者は会社づくりの構想のなかに、ほとんど無意識のうちに自らの理念を盛り込んでいるのである。
　この創業理念は会社設立に際して趣意書などに反映され、発起人や出資者の協賛を得る拠り所となる。また、会社が実際に活動を始めると、全社員の求心力となって、活動の方向性を揃える重要な働きをする。
　こうして創業理念は創業者と組織構成員に共有され、初期の発展段階を通じて組織全体に浸透し、その企業独自の組織体質を形成する核となるのである。

経営理念の必要性

　ところが、企業という組織では、いつまでも同じ構成員が同じ気持ちで同じ仕事を続けるわけではない。事業の進展とともに、事業の内容や組織の形態は変わってゆく。
　業界や市場など社会は変化し、変化への対応が必要になる。退職していく社員がいる一方で、創業の志を知らない新しい社員が増えて、組織の空気は変わってゆく。

経営トップの交代もある。これまで強い求心力となっていたトップが交代した場合は、組織に少なからぬ混乱が生じることもあろう。このように企業とは、内外の変化とともに変わり続ける組織なのである。
　だからこそ、経営理念の浸透が必要なのである。理念が浸透していれば、組織内の誰もが目先の変化にとらわれず、会社が志向する目的と使命に従って活動でき、トップ自身も考え方の軸がぶれることなく経営にあたることができる。

　企業とは共創集団

　不祥事が発生すると、マス・メディアは組織の体質を問題にすることがある。「なれ合い体質が不祥事を生んだ」などと批判することがある。
　組織の体質については、会社からの指示・命令をただ行う労働力の集団ではなく、組織の目的や使命を共有して社員が自律的に活動できるようにすることが大切である。経営学者のコリンズとポラスが明らかにしたように、質の高い組織に共通するのは、組織の理念が浸透しており、構成員が組織のミッション（使命）と自分の役割をよく理解している点である。
　ただ人を動かすためであれば、アメとムチだけでもそれは可能である。しかし、それでは組織といえない。企業という組織は、共通の目的に向かって「共創」していく集団だからである。

いま、経営理念が会社を救う

経営理念とは何か

　経営理念とは何であろうか。経営学者の田中宏司氏によると、企業および経営者の信条、信念、理想、哲学、使命、展望など、それらの価値観を総称して経営理念または経営哲学という。
　一般的に社是は組織の理念を、社訓は行動様式や指針などを表すが、企業の理念を明文化したという点で、両者とも経営理念（哲学）と同じ内容である。
　大半の経営理念には階層性と領域性が見られる。まず上位概念として、創業の精神、企業の使命、社是・社訓など長期的に守るべき理念がある。次いで中位概念として、事業目的、経営方針があり、下位概念として、行動の指針、行動基準、行動規範がある。
　また、企業としての存在の意味、環境についての考え方、行動基準についての方針など複数の領域に対して独自の信念や哲学を述べている例もある。

熱い思いがミッションを生む

　経営理念というと、額に入って社長室などに飾られている「顧客第一主義」「誠心誠意」などの筆文字を思い浮かべる人が多いかもしれない。
　「顧客第一主義」は尊い経営理念であるが、このままではどの会社にも当てはまり、独自性はない。この言葉をいくら繰り返しても社員のやる気は起こらない。抽象的な理念しか持たない企業は、その企業ならではのミッション（使命）とビジョン（展望）を加えなければならない。
　ビジネス作家の今北純一氏が『ミッション』（新潮社、2002年）のなかで指摘するように、ミッションは「計算と分析」だけでは構築できない場合が多い。
　たとえば、1948年に二輪メーカーとして創業し、順調に売り上げを

伸ばしていた本田技研工業が、新たに四輪車生産の分野に進出しようと決断した動機は、投資効果やリスク分析、「儲かるか儲からないか」という冷ややかな計算に基づいたものではなかった。そこには創業者・本田宗一郎氏の「どうしても四輪車をつくりたい」という強い思いがあった。こう今北氏はいう。

　損得勘定を超えた熱い思いが求心力を発揮して、多くの社員を動かしたのである。企業で働いているのは血の通った人間である。情熱を喚起させない理念を題目のように繰り返しても、人間は真剣にはなれないのである。

　経営理念の役割

　経営理念は企業の羅針盤である。企業が何のために存在しているのか、その目的と使命を明らかにした社員の拠り所である。経営方針や意思決定、求心力の原点でもある。
　日常業務の改善に関する判断は理詰めで対応できるかもしれないが、経営の根幹にかかわる重要事項には、小賢しい理屈をいったん離れ、経営理念に立ち返って判断を下すべきである。まして、不祥事の発生という非常時には、経営理念に基づく意思決定が不可欠なのである。
　1994年、スタンフォード大学教授（当時）のコリンズとポラスは『ビジョナリーカンパニー』（日経BP出版センター、1995年）を著した。同書は世界的なベストセラーとなったが、2人は同書のなかで、ビジョンが浸透している企業は①卓越した業績を上げている②広く尊敬を集めている③成長・発展を続けている、と述べている。経営理念に基づく経営は、圧倒的な強さを発揮している事実を明らかにしたのである。
　経営理念には、企業の存在目的が示されており、単なる金儲けを超えた社会貢献をうたう言葉が多く含まれている。
　アメリカにおいて、このような経営理念を堅持している企業が尊敬を集めているのは、それらの企業の風土に社会貢献を意識した倫理的な発想が根づいているからだと思われる。会社にとって経営理念とは、指針であり、社員の活力の源泉であり、健全な風土を育む土壌なのである。

健全な企業風土の醸成 概念図

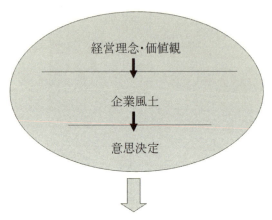

経営理念を企業のDNAとすることで
軸がぶれない健全な経営を実現！

出所：菱山隆二『倫理・コンプライアンスとCSR』17頁の図を一部改変

第5章　健全な企業風土の醸成

志をなくした現代の企業

経営理念の形骸化

　長い伝統を有する名門企業や、一流と呼ばれる企業、有名企業の不祥事が後を絶たない。経営コンサルタントの小畠宏氏や田舞徳太郎氏が指摘するように、このような企業では、高邁な経営理念が掲げられてはいるが、いつのまにかその実体が形骸化していたと思われる。
　経営理念が形骸化すると、企業の目的や使命に対する社員の意識が希薄になるため、業績が低迷するだけでなく、不正行為につながる要因ともなるのである。

パナソニックの事例

　小畠氏は、松下幸之助氏の哲学が脈々と流れていると見られるパナソニック（旧松下電器産業）においても、1990年代の10年間はその理念が形骸化していたという。その結果、使命感が薄らぎ、同社の綱領でうたう「社会生活の改善と向上を図り、世界文化の進展に寄与する」商品のヒットはほとんどなく、先行するライバル、ソニーの攻勢を許していたと述べている。が、その後、中村邦夫社長（当時）が同社の経営理念に立ち返って事業を展開、V字回復を果たしている。

経営理念が形骸化した理由

　それでは、なぜ、名門企業などで経営理念が形骸化したのであろうか。
　1つは、経済の低迷が続くなかで、多くの企業が短期的な利益の追求に走ったからである。人間は目の前の収益だけにとらわれると視野狭窄に陥り、本来の目的を見失うのである。
　2つめは、経営者自らが理念を実践しないからである。たとえ、どんなに志の高い理念を掲げていたとしても、経営者自らが本気でそれを実

践しないならば、社内に浸透するはずはない。
　3つめは、経営理念が観念的で抽象的だからである。具体的でわかりやすい理念でなければ、社員は実行することができない。また、社会的な使命を訴える理念でなければ意欲は出てこないのである。
　4つめは、時代の変化に適応しなくなったからである。その場合は、経営理念を改定するか、時代の要請を加えなければならない。

　理念が形骸化した時代背景

　このほか、これらの事項の時代背景として、次のことがいえるであろう。
　1990年代に米国式の経営戦略が日本に流入した。ちょうどバブルの崩壊と景気の後退が重なったため、米国式の短期的な利益の追求を目指す競争戦略、市場主義、効率主義などを導入する企業が目立ち始めた。次第に利益至上主義の傾向が強まり、株主の利益を最大化するという株主価値経営論が声高に叫ばれるようになった。
　その結果、どうなったであろうか。平川克美氏が指摘するように、商業倫理の混乱が起こり、少なくない企業は仲間と志を共有するカンパニー（仲間）ではなく、単なる「収益装置」と化してしまったのである。かくして日本の企業は志と理念をなくしてしまったのである。

コンセプト（概念）の重要性

コンセプト（概念）の重要性

　私が在籍した多摩大学大学院には、橋本忠夫教授による「組織コンセプト」という科目が置かれていた。
　同授業から、組織コンセプトを明確化することで物事の本質が明らかになり、効率的に組織の問題を考えられ、考え方の軸がブレることなく解決に向かえる点を学んだ。これは大きな収穫であった。以下は同科目から学んだ要点である。

物事の本質が明らかになる

　コンセプト（概念）は、これまで哲学者たちが物事の本質をとらえるために使ってきた思考の形式である。橋本教授の授業では、オペレーション、組織管理の５原則、ピラミッド組織の意思決定と執行、大企業病など、経営組織の問題を取り上げ、コンセプトを明らかにした。
　すなわち、物事の本質を明らかにした。橋本教授は授業の中で、たびたび、組織上の問題について受講生に考えを尋ねられた。残念ながら、私などはその筆頭といえるが、表面的な理解にとどまっている回答例が少なくなかった。
　だが、その「コンセプトの甘さが様々な誤解を生」み、マネジメントに障害を来す、と橋本教授は指摘する。だからこそ、解釈の違いから生じる誤解を防ぐため、コンセプトを明確にし、本質を明らかにする必要がある。
　たとえば、英語のロジスティクスは今日、「物流」と訳されているが、この訳のためにロジスティクスが経営のなかで低い位置に置かれる原因になっているという。
　経営活動のなかでは、どうしてもマーケティングや開発が重視されがちであるが、ロジスティクスは調達→生産→物流→販売の一連の流れを

含む「最も経営を支える基礎業務」である。
　このため、物の流れを総合的に表すサプライチェーンマネジメントという言葉が使われるようになったが、いったん物流という言葉が流通すると概念は変わらない。経営者の理解不足や、ロジスティクス担当部門のパワー不足を招くなど問題が起こっているという。

　マネジメントの陥穽

　同講義では、マネジメントの陥穽について学べた点も大きな収穫であった。経営組織の活動では、繰り返しのオペレーション業務が基本となる。英語のオペレーションを訳すと「作業」となるが、単純に見えて実は単純ではない重要な業務である。
　「今日のカネを稼ぐ」現場業務で、軽視すると形式主義に流れ、欠陥商品の出荷など「致命的結果をもたらす」のである。標準をつくり、見直し、守って、絶えず業務を改善し、品質とサービスのバラつきを管理する必要がある。
　重要性と緊急性で業務を区分すると「緊急で重要な仕事」「緊急だが重要でない仕事」「緊急でないが重要な仕事」「緊急でも重要でもない仕事」に分けられる。
　人はともすると「緊急だが重要でない仕事」をしやすいと橋本教授はいわれたが、多くの人が該当すると思われる。
　悪しき官僚主義の問題では、専門分業化、厳格な身分制、文書主義などを取り入れ、結果を出すための効率的な組織形態が官僚制である。が、いつしか官僚主義に縛られ、事なかれ主義など、目的と手段の混同が起こりがちになる。大企業が陥りやすい陥穽である。これは私たちが犯しやすい過ちでもある。

　人間力の重要性

　経営課題を解決するためには、既に確立された知識や体系化された経営学の理論が役に立つ。ただし、組織をめぐる社会状況が変われば、社

会変化に伴う修正などが必要になる。また、同じ企業でもそれぞれに業種や風土などが違うため、経営理論が当てはまらない場合がある。

このため、経営課題の解決において「正解」はないといえる。問題の本質をとらえてマネジメントすることが肝要となる。

この意味において、経営者にとって「状況判断力」が重要になるが、人は理論や説明、指示だけではついてこない。経営組織は集団での活動であるため、人の力を束ねる力＝人間力が最も重要となる。論理的な思考力も重要ではあるが、人の共感を得られないと組織は動かない。人がついていきたいと思う人間力が、リーダーにとって最も重要な要件である。

経営に「正解」はない

繰り返される愚行

　体調が悪くて病院に行ったら、いきなり「あなたに盲腸の手術をします」といわれたとしよう。もちろん、あなたは「どうしてですか？」と尋ねるだろう。「いや、あなたの前の患者に盲腸の手術をしたらうまくいったからです」。これが医者の答えだったら、あなたは逃げ出すだろう。

　当たり前だが、病気の治療法は患者1人ひとりの病状によって決まるからだ。不可解なことに、こうした当たり前の考え方が多くの企業では実践されないことが多い。経営学者のフェファーとサットンは、その著『事実に基づいた経営』（東洋経済新報社、2009年）のなかでそのように指摘する。

単純な模倣は失敗する

　具体的な例を挙げてみよう。ユナイテッド航空はローコストで有名なサウスウェスト航空にカリフォルニア州で対抗するため、そのやり方を真似した。

　ユナイテッドは、ゲートのスタッフや客室乗務員の制服をカジュアルなものにし、機体は「ボーイング737」だけを使い、名前を「シャトル・バイ・ユナイテッド」に改め、機内食の提供をやめ、フライトの数を増やし、航空機の回転率を上げた。

　しかし、サウスウェストのカリフォルニアでのシェアはユナイテッドが真似する前よりも増えたのである。なぜか。

　1つめの理由は、わかりやすくて目立つところだけ真似したからである。サウスウェストの成功の源泉は、従業員を大切にするという企業文化と経営理念にある。客室乗務員が何を着ているか、どの機種を使うか、どのようなフライトスケジュールにするか、などは重要ではなかったの

だ。
　２つめの理由は、企業の置かれた状況や社風はそれぞれ異なるからである。たとえ、同じ業種であっても、企業の文化はそれぞれに異なる。だから、他社で成功した経営手法が自社に当てはまるとは限らない。他社でプラスに働いた要素が、自社ではマイナスに働く場合もあるのだ。

「どう考えるか」を学べ

　とはいえ、他社の経験から学ぶことは重要である。確実に取り組みの幅は広がる。他社から学ぶことは、人間にとっても組織にとっても望ましい。
　ただ、多くの企業ではその学び方が表面的なため、単に真似をしただけになっているのだ。前出のフェファー、サットンはこう分析する。
　経営者は流行の経営手法を安易に真似し、導入するのではなく、業績のよい会社では「何が成功の源泉なのか」を深く探る必要がある。真似をするのであれば、「何をするか」ではなく、「どう考えるか」を学ばなくてはいけない。そのうえで、自社の個性に合った手法を見つけ出さねばならない。経営に「正解」はないのだから。

労働の商品化が問題の始まり

労働者の使い捨て

　ノーベル経済学賞を受けたマサチューセッツ工科大学のポール・クルーグマン教授は、その著『グローバル経済を動かす愚かな人々』(早川書房、1999年)のなかで、資本主義の非人間性の最たるものが、労働を商品として扱ったことである、と書いている。
　ジョージ・ワシントン大学のローレンツ・E・ミッチェル教授は、その著『なぜ企業不祥事は起こるのか』(麗澤大学出版会、2005年)のなかで、企業は株価を何ドルか上げるために、労働者を使い捨てのモノ同然に扱い、レイオフを行っている、と書いている。
　経済評論家の内橋克人氏は、作家の城山三郎氏との共著『「人間復興」の経済を目指して』(朝日新聞社、2002年)のなかで、マネー資本主義が世界を席巻するなかで、「あなたはもう不要ですよ」という「人間排除の経済」が世界を覆うようになった、と書いている。

安易なリストラが横行

　昨今、業績が低迷して大規模なリストラ(人員削減)を行う日本の企業が増えている。リストラをしなければ生き残れないことは理解できるが、安易な方法に頼りすぎているようにも見える。
　多摩大学大学院の織畑基一教授は、その著『欧州モデルの経営革新』(プレジデント社、2004年)のなかで、企業にとって経営の革新は最大の課題であるが、その常套手段はリストラとなっており、その先が続かない。リストラは緊急の手段として仕方のない側面もあるが、未来戦略を実行するためのリストラでなければ効果は少ない、と述べている。
　だいたいリストラが行われるほど、社員の気持ちは萎え、士気は低下する。生産性は低下し、優秀な人材は流出する。「元気のない社員」が充満しているのが、日本企業の現実ではないだろうか。織畑教授はこの

ように指摘する。

労働の商品化が問題の始まり

　同じく多摩大学大学院の中谷巌教授は、その著『資本主義はなぜ自壊したのか』（集英社インターナショナル、2008年）のなかで、カール・ポランニーの『大転換』を援用して資本主義社会における人心の荒廃は「労働の商品化」が問題の始まりだとして、次のように指摘する。
　「資本主義の下においては、人間もただの商品として取引される存在にすぎなくなった。マーケット原理の中では、人間の尊厳などはしょせん『外部性』にすぎない。資本主義は社会を破壊し、人間から自尊心を奪う悪魔的な力を持っている」
　「我々の得ている賃金とは自分の人生を切り売りして得たものにすぎない。だが、はたして時間は再生産できるだろうか？―もちろん、そんなことはできない。人間は１回きりの時間、１回きりの人生を過ごしているのである。そのような１回限りの瞬間を商品として売り買いするというのは、実に非人間的なことであり、倫理にもとることではないか」
　中谷教授によると、市場で商品が取引されるためには、その商品に価格がついて売れたときに、それと同じものを再生産できることが暗黙の前提になっている。売り切れたときに同じものが２度と作れないというのであれば、それは商品になりえない。すると、たった１回の取引しか行われない商品では、少なくとも相場の形成はありえない。これがポランニーの商品の定義である、と中谷教授はいう。
　人間の労働が単なる商品であったり、人を首切りすることが手軽なコスト削減の手段であったりする社会は健全ではない。ヒト、モノ、カネという経営の３つの資源のなかでヒトが最も上位にあるべきではないのか。人間の尊厳性の復興が必要であろう。

企業は暗黙のルールで動いている

集団規範は自然に出来上がる

集団には自然発生的に根づいている暗黙のルール（価値観）がある。これは集団規範と呼ばれる。集団規範には次のような特徴がある。
①明示されない暗黙のルール
②構成員が無意識に受容している
③構成員の行動を規制する
④非論理的である
⑤善悪ではなく好き嫌いが価値観の軸を構成する
集団規範はあらゆる集団に多かれ少なかれ存在する。企業風土と呼ばれるものがそれである。
たとえば、「村のしきたり」はそのひとつである。集団が存続するなかで自然に醸成されたルールであるため、構成員はほとんど無意識にそれを受け入れている。

企業は暗黙のルールで動いている

もし、集団規範に逆らったりすると、その集団にはいづらくなる。場合によっては「村八分」にもなりかねない。
このように集団規範は暗黙の規範であり、非論理的であるため、いったん出来上がると、外部からも内部からも変革は容易ではない。企業の変革が難しい理由がここにある。
経営理念が明文化されていない企業はもちろん、理念が明示されている企業においても、組織は結局、この集団規範という暗黙のルールで動いている。

経営理念と集団規範の関係

経営理念が明示されている企業の場合は、その理念を基準として集団

規範が形成される。社員が理念を実践する過程で、業務に応じて意味を補ったり、やり方を考えたりしながら自然に出来上がったルールが集団規範である。

　一方、経営理念が明示されていない企業では、トップの言動が経営理念に代わる働きをし、それに基づく集団規範が形成される。組織の価値基準となる理念が明示されていないため、人間関係に依存した集団規範が形成されてゆく。

　こうして形成された集団規範は職場によって大きな相違が生じる。このため部門や事業所によって、まるで別会社のように異なる企業風土が醸成されることもある。

　このように属人的に形成された集団規範は、理念が明示されている企業の集団規範と違って、外から「見えにくく」「変えにくい」という特徴がある。

管理型マネジメントの限界

東京ディズニーランドの安全の秘訣

　東京ディズニーランドを運営するオリエンタルランドで働くキャストは約2万人。その9割は大学生や高校生などのアルバイトである。
　同園ではキャストが生き生きと働いており、高いサービスの質を保っている。経営コンサルタントの武田斉紀氏によると、その秘訣は経営理念とそれを実現するための行動基準を浸透させているからだという。
　会社が示した価値観に共感しているからこそ、キャストたちは「やらされている」のではなく、自主的な判断と行動で生き生きと働けるのであると指摘している。
　同園が最も優先している行動基準は「安全を守ること」であるが、行動基準を徹底できているため、開園以来現在まで四半世紀以上経って約5億人が来場したが、直接死亡につながる事故は1件も起きていないという。詳しくは、武田斉紀『行きたくなる会社のつくり方』（ナナブックス、2010年）を参照。

人間の自律性が発揮される理由

　ピーター・ドラッカーが理想的なマネジメントを求めて最後に行き着いたのが NPO（非営利組織）だったのは偶然ではなかろう。
　「交換条件」の付いた仕事は人間の自律性を失わせるが、やり甲斐を感じるなど行為自体が報酬となるような NPO の仕事では人間の自律性が発揮され、「管理」も「監視」も必要ないからである。
　しかも、心理学の知見によると、内発的に動機づけられた人間は道徳的な行動をとることがわかっている。詳しくは、ダニエル・ピンク『モチベーション3・0』（講談社、2010年）を参照。ディズニーランドの価値観主導型のマネジメントは NPO のそれに近いと思われる。

時代遅れの管理型マネジメント

マグレガーは上からの権限による管理に代わって、自己統制による管理を提唱した。その根底にある考え方がX理論とY理論である。ドラッカーも同様の管理を提唱した。

人間は仕事が嫌いで、命令・管理されなければ力を発揮しないとする考え方がX理論。長い間、古典的管理論の根拠になってきた。

その一方で、人間は自分が納得した目標のためには懸命に努力するものであるとする考え方がY理論である。

手順に従った型どおりの仕事が多い工業化社会では、上からの権限による命令・統制型のマネジメントはうまく機能していた。その理由は、同一規格品の大量生産の仕事は反復的な単純労働であるため、それほど面白いものでもやる気の出るものでもなかった。このため、労働者を監視し、生産量を管理する必要があったが、効果絶大であった。しかし、その代償として、いまなお多くの職場では抑圧的な人間関係が残っている。

また、柔軟な問題解決や創意工夫が求められる情報化社会に入ってからは、そのマネジメントは足かせになり始めた。

ピンクによると、アメリカでは被雇用者のいない会社が約1800万社以上存在し、在宅勤務者は約1470万人いるという。こうした人々は他人を管理する必要がない。自分で自分を律しながら働いているのである。

組織変革が進まない理由

まず社員の意識改革が必要

　社会の変化に対応するため、多くの経営者は企業の変革に取り組んでいる。しかし、なかなか成果を上げられずにいる。
　その理由は組織システム（仕組み）の改革が先行しているからである。多くの経営者は企業の変革といえば、組織のシステムを変えることだと考えがちである。組織図を描き、新しい目標を掲げれば社員はついてくると思い込んでいる。しかし、いくら檄（げき）を飛ばしても社員は変わらない。組織も変わらない。
　社員は入力された指令に従って動くロボットではない。人間は感情で動いている。人間は気持ちのなかで納得と共感と意欲がひとつになったときに能力を発揮する存在である。だから、社員の意識改革が先行しなければならないのである。

組織の要件を見落としたまま改革は進まない

　それでは、社員の意識改革を進めるためには何をすればよいのか。何よりもまず経営理念を再確認し、必要であれば再構築して、企業風土そのものの改革に着手することが大切である。
　なぜなら、組織とは志と価値観を共有する集団であるからだ。この組織の要件を見落としたまま改革を叫んでも効果は上がらない。

発想の転換を促す理念が必要

　私たちは企業変革の必要性を感じつつ、心の奥では変化を拒んでいる。変化はこれまで築いてきた実績と、その実績を生み出した仕組みを捨てることになり、相応の「痛み」を伴うからである。
　それはほとんどの場合、思い込みの視野狭窄であることが多い。だか

らこそ、私たちの視野を広げ、発想の転換を促し、1人ひとりが存在感を覚えるミッション（使命）やビジョン（展望）などの理念が必要なのである。

　人間は自分の存在価値を自問自答する

　人間には自分の存在価値を表すためであれば、努力を惜しまない性質がある。それを動機づけるものが、経営理念に込められた企業の存在目的である。
　企業の存在目的は経営理念のなかで最も重要な要素である。なぜ、重要なのか。
　企業がどんな目的を持つかによって、企業活動の方向性が決まるからである。方向性が決まれば、その企業で働く人々の汗と努力に「どのような意義と価値があるのか」が明確になるからである。人は意味のわからない努力をしたがらない。が、意味を感じる仕事には苦労をいとわないのである。
　こう書くと、営利企業の目的は儲けることであり、利益を出すことで存続できるのであるから、「企業の存在目的は明らかである」と反論する向きもあろう。「高尚な目的より収益性が重要」「利益こそすべて」という意見も少なくないだろう。
　だが、営利のために掲げる数値目標では社員の士気は上がらない。「売り上げを1億円にしよう！」といった目標では貢献意欲がわきにくいのである。だからこそ、社会に対する使命など社員が存在感を感じる目的と目標の設定が大切なのである。

経営者のうしろ姿

経営理念とリーダーシップ

　経営理念は企業の羅針盤である。企業が何のために存在しているのか、その目的と使命を明らかにした社員の拠り所である。経営方針や意思決定、求心力の原点でもある。
　日常業務の改善に関わる判断は理詰めで対応できるかもしれないが、経営の根幹に関わる重要事項には、小賢しい理屈をいったん離れ、経営理念に立ち返って判断を下すべきである。
　その経営理念を社内に浸透させるうえで、トップのリーダーシップは決定的に重要である。経営理念はトップ自身が描いたものが好ましい。が、たとえ創業者などがつくったものであっても、トップに問われることは「理念を実現させるのだ」という強い自覚と決断である。経営トップが本気で実践しない経営理念を社員が真剣に行うことはないからである。
　美しい経営理念を一字一句練り上げたとしても、それを表明するだけで実践しようとしないならば、社員たちは心のなかで「言っていることと、やっていることが違います！」と叫ぶであろう。口先で経営理念の共有を求めても、社員の意欲は下がるばかりである。経営理念は言葉ではなく、経営トップの実践を通して社内に浸透するのである。

経営者と従業員の意識上の乖離

　この点について興味深い調査結果がある。野村総合研究所のそれである。
　野村総合研究所は2006年5月、上場企業1591社の社長と従業員を対象に「経営幹部は理念・ビジョンを実践しているか」と題するアンケート調査を実施した。有効回答は社長168件、社員2101件だった。
　調査結果によると、社長の「そう思う」は61％、従業員は15％で大

きな相違が生じた。社長は経営理念を実践しているつもりでも、社員にはそう見えていない実態がわかった。

経営理念浸透の効果とは何か

　経営トップの実践があったとしても、経営理念の浸透は容易ではない。軋轢（あつれき）を伴う行為である。
　経営コンサルタントの足立光正氏によると、理念の浸透に取り組んだ経営トップのほとんどは「目に見える変化」を期待するものの、なかなか変わらない社員を見て苛立（いらだ）ちを覚えるという。
　それでも継続的に理念の浸透に取り組んでいけば、組織には明らかな変化が起こってくる。「意識された理念」から「無意識の理念」への変化である。
　そうして経営理念が社員の無意識下にまで浸透すれば、特別に意識をしなくても経営理念にかなった行動が自然にできるようになる。1人ひとりが自律的に質の高い仕事をするようになる。企業の価値観に従って能動的に仕事に取り組む風土が醸成され、企業は確実に成果を上げていくことが可能になる。

対症療法と根本的な問題解決

　企業不祥事発生時の構図

　企業不祥事が発生すると、マスコミは当該企業における企業統治（コーポレートガバナンス）の不備と、経営者の法令遵守（コンプライアンス）の意識不足、倫理観の欠如を厳しく批判する。
　すると当該企業は「世間を騒がせて申し訳ありません」と詫びたうえで、今後はコーポレートガバナンスを確立し、コンプライアンスを徹底しますと宣言する。不祥事が起こると、決まってこのような構図が見られるが、不祥事が後を絶つことはない。なぜであろうか？

　倫理規範はやる気を失わせる

　法令遵守に関する倫理規範は、そのほとんどが「〇〇するな」というものだ。法令に違反してはいけない、個人情報を持ち出すな、虚偽の報告をするな、など禁止事項を列挙するものである。
　大人は子供たちにいう。「〇〇してはいけない」「〇〇すると危ないよ」などと、社会の規則や危険行動を教えるためとはいえ、「〇〇するな」という禁止事項や命令事項を数多く発する。禁止事項ばかりでは、子供たちは次第に萎縮して消極的になり、ついには動けなくなる。
　同じように、大人たちも「〇〇するな」が増えれば増えるほど、積極的に行動する意欲は失われる。倫理規範の大半は、良識のある大人であれば、わざわざ注意されなくても知っている内容である。あまりいわれると、社会人として「信頼されていない」と感じ、士気は低下する。

　社員を元気にする企業理念

　倫理規範が「〇〇するな」と命令しているのに対し、企業理念や行動規準は社会貢献など「〇〇しよう」と前向きに呼びかける項目が多い。「〇

「○○しよう」には「○○するな」にはない2つの利点がある。

　1つめは、何かを実現しようという呼びかけはやる気が出てくる。何かを実現するための創意工夫は人間の発想を解き放つ。試行錯誤は人をわくわくさせる。元気で生き生きとさせる。新たな価値と顧客を生み、業績を拡大する。

　2つめは、社員が成長する。企業での活動は試行錯誤の連続である。社員同士または社員と上司の間でアイデアをぶつけ合い、製品やサービスの向上を目指すなかで、社員は確実に成長する。成長の実感があれば、人間は向上しようと懸命になる。

　社会に貢献しようと努力している人間であれば「不正」を犯す余地はない。社会貢献を意識した人間に「不正をしてでも社会貢献しよう」などという発想は生まれ得ないからである。

　「○○するな」と命令して社員を萎縮させるよりも、「○○しよう」と明示して、社員同士が協力して企業理念の実現に向かうことで、結果的に「○○するな」も成就できるのである。これが企業不祥事の根本的な問題解決になるのである。

パラドックスの超克

企業が不祥事を繰り返す理由

　第4章の「企業の構造的宿命」の節で、企業には構造的に不祥事を起こしかねない特性があると述べた。企業には、儲けるための「営利的（利己的）存在」としての側面と、社会規範に即して利益を追求する「社会的存在」としての側面がある。この2つは矛盾する両側面であり、企業が不祥事を避け難い構造的特性であると指摘した。それでは、こうした特性を有する企業は、どうすればパラドックスを超克して不祥事を防止できるのであろうか。
　昨今、企業の不祥事が多発しているため、企業倫理確立の重要性を認識し、不祥事の防止対策に真剣に取り組む企業が増えている。
　だが、残念ながら対策の実効性は低いといわざるを得ない。実効性が低い大きな理由は、目先の解決策にとらわれているからである。
　違法行為を防止するため、多くの企業はコンプライアンス（法令遵守）の重要性を社員に説き、コンプライアンス・マニュアルを作成した。コンプライアンス委員会を設置し、専門家を招いて研修会を開いた。それでも、不祥事は繰り返し起こっている。

「本当の問題とは何か」が問われている

　私たちは問題が発生すると、「どうすれば解決できるのか？」と、すぐに問題の近くに解決策や答えを探しがちである。不正行為があれば、コンプライアンスの重要性を説いて、その抑え込みを図ろうとする。
　これは一見すると合理的に思える。が、多摩大学大学院の今岡善次郎客員教授が指摘するように、同じような問題が繰り返し起こっている場合には、「どうすれば解決するのか」という方法論としての「答え」ではなく、「本当の問題とは何か」という「問い」が求められていると考えるべきである。

枝廣淳子氏と小田理一郎氏は、その著『なぜあの人の解決策はいつもうまくいくのか？』（東洋経済新報社、2007年）のなかで、問題から遠いところに効果的な解決策がある場合も多いと述べ、対症療法的な解決策に走ってしまうと、副作用として「本質的な問題解決を行う能力を損なってしまう」と注意を促している。

規制されるほど疲弊感が広がる

そもそも「法令遵守」をどんなに掲げられても人間は本気になれない。「違法行為の監視」「企業倫理の徹底」「不正の根絶」など、外から規制されればされるほど、コンプライアンスを「やらされている」という感覚が残り、疲弊感が広がる。仕事に対する意欲も失わせることになる。

コンプライアンスとは、単なる「法令遵守」ではない。英語の表現にまで遡れば、「コンプライ」とは「相手の期待に応える」というのが本来の意味である。

つまり、リスクを適正に管理しつつ、ビジネスの相手である顧客の期待に応えることがコンプライアンスの本来の意味である。

コンプライアンス委員会の設置やプログラムの導入は、実はこの目的を果たすための手段であって目的ではないのだが、多くの企業ではコンプライアンス委員会の設置やプログラムの導入で満足してしまい、大切なこの目的を見失っているのである。

コンプライアンスは重要である。が、コンプライアンス主導型経営では企業倫理の確立は難しい。法令に照らして問題を確認し、違法行為の回避を目指す経営では、社員の士気（モラール）は上がらない。それをやりすぎると、前述したように組織と社員は疲弊する。

本当の問題とは社会的使命感の欠如である

不祥事の要因を経営者などの「倫理観の欠如」と見るのではなく、消費者ニーズに応える「社会的使命感の欠如」と読み替えれば、どうなるであろうか。企業の使命感を込めた価値観の構築と浸透こそが最も重要

となろう。そうなれば、コンプライアンス主導型経営よりも価値観主導型経営が必要になる。

　ミッション（使命）やビジョン（展望）など価値観を明記し、それが働く人々の心を揺さぶるような内容であるとき、社員はその達成に向けて努力を惜しまない。本気でやりたいことをするためなら、人はどんな苦労もいとわず、むしろ生きがいとなるのである。

　それはまさしく非営利組織のマネジメントである。ドラッカーが提唱してきたように、企業はいまこそ非営利組織のマネジメントに学ぶべきではなかろうか。

　営利企業には「経済的利益を生む」というわかりやすい存在理由がある。売り上げという単純な換算も可能である。が、非営利組織にはそうした基準がないため、常に「自分たちの目的は何か」を考えて明確に定義し、誰にでもわかりやすく目標やビジョンを定め、きちんとマネジメントする必要がある。

　企業の構成員は報酬という見返りを期待して行動するが、非営利組織の構成員は生きがいを感じるなど行為自体が報酬となるため自律性が発揮される。しかも、心理学の知見によると、使命感を持った人間は道徳的な行動をとることがわかっている。ここに不祥事問題を本質的に解決するヒントが存在するのである。

企業のパラドックス

企業 → ┌─ 営利的存在 ─┐ → 矛盾する
　　　 │（儲けるための利己的存在）│　　両側面
　　　 └─ 社会的存在 ─┘
　　　　　（社会規範に即した儲け方がある）

出所：宮坂純一『道徳的主体としての現代企業』156頁の図を一部改変

第6章

販売と顧客の心理

現代における販売の大原則

　売るのはモノでもサービスでもない

　販売員が店頭あるいはお客様の会社や自宅に出向いて販売する場合、お客様は商品やサービスの機能、値段だけで買うか否かを決めるわけではない。販売員のコミュニケーション能力によって決断する場合が多い。
　言い換えれば、お客様は販売員とのコミュニケーションや人間関係を買っているのである。この意味で販売員は「自分自身を売り込んでいる」といってもよい。
　お客様が優れた商品やサービスを選ぶだけなら販売員は必要ない。企業は自社の製品やサービスを徹底的に説明したカタログをつくり、それを消費者に届ける仕組みを構築すればいいからである。そうすれば消費者は自分のニーズに合う好みの商品やサービスを選ぶことができる。
　しかし、消費者はそれほど単純ではない。消費者は実際には、お店の雰囲気や販売員とのやりとり、商品を直接手にとって見る楽しみを味わいながら買い物をしているのである。
　「あのお店は雰囲気がいい」「あの店員は感じがいい」「あの商品は好きだ」。お客様が口にする言葉の多くは論理的ではない。感じのよさを語っているのである。商品やサービスの機能、価格は購買動機の一部にすぎないのである。

　現代における販売の大原則

　お客様は販売員とのコミュニケーションや人間関係を買っていると書いたが、コミュニケーションが上手な販売員とは、話の巧みな人を意味するわけではない。立て板に水のごとく流暢に話す販売員は、かえってお客様から警戒される。口車に乗せられると思うからである。

販売員がコミュニケーションを「最大の商品」として営業するうえで必要な要素とは「信頼」と「好感」である。
　コミュニケーションとは「会話（言葉）」で成り立っていると思い込んでいる人が多いが、実は相手との「心理関係」で成り立っている。販売員を心理的に受け入れていないお客様に、いくら商品説明をしても声は届かない。聞く耳を持たない状態ではコミュニケーションは成立しないからである。以上を踏まえ、現代における販売の大原則を提示しよう。
　1つめの原則は「人は好意を持つ人から買いたくなる」である。現代は科学技術の発達に伴い、どの企業の商品やサービスであっても性能や価格などに大きな違いはない。ならば、販売員に対する好意の度合いで購入が決まるのは当然である。
　2つめは、「人間は自分と共通点がある人に好意を持つ」である。これを「類似性の法則」という。服装、趣味、価値観、生い立ちなど、何かひとつでも類似点があると、相手は好ましく思うのである。だから、共通点を見つけて示せれば、お客様の心は開かれるのである。
　3つめは、「人間は見慣れたもの、聞き慣れたものを好む」である。人は繰り返し同じテレビ CM を見ていると、ついその商品を買ってしまう。これを「単純接触効果」という。これは販売の現場も同じである。何度も顔を合わせているうちに、お客様と自然に親しくなるのである。

セールスに対する思い込み

　営業などやりたくない

　企業にとって「いかに売るか」というテーマは最も重要であるが、ビジネスマンの多くは「営業などやりたくない」と思っている。それは次のような思い込みがあるからである。
　「営業マンは口がうまく、お客を説き伏せてモノを買わせる」
　「売り込みとは戦いであり、勝ち負けのある勝負である」
　「営業は素質に恵まれた人がするものだ」
　こうした思い込みはすべて間違いである、とダン・ケネディは『ビジネス戦略』（ダイレクト出版、2010年）のなかで断言する。なぜか。ダン・ケネディによると、その理由は以下のとおりである。

　相手を言いくるめる

　営業とは相手を言いくるめることである。こう思っているビジネスマンは少なくない。が、営業では話すことよりも聞くことが重要だ。テレマーケターに関する調査によると、自分が話す倍の時間、相手の話に耳を傾けているテレマーケターは、通常の5倍のアポイントが取れるという。
　水準の高いセールスは人間関係にかかっている。決して一方的に押し付けるものではない。まず、いかに相手のニーズ、問題、興味、優先事項、価値観、欲求を発見するかということである。次にそうしたニーズ、欲求に見合う商品、サービス、専門知識をいかに正しく組み合わせるかに尽きる。

　売り込みとは戦いだ

　売り込みとは戦いである。勝ち負けのある勝負である。こう思ってい

るビジネスマンも少なくなかろう。こう思っているうちは、商品やサービスの売り込みを長期にわたって継続できない。また、そうした考え方は妥当ではない。

　お金とは人の手から手へと渡るものだ。お金は何らかの形で顧客の手から離れていく。営業とは買う人から売る人へのお金の移動にすぎないのである。ビジネスが提供する便益と顧客のニーズが合致していれば、顧客は何年もの間、利益を得ることができるのである。

　営業には向き不向きがある

　営業とはそれに向いている人がするものだ。こういう考え方も、社会意識として根強いものがある。『ハーバードでは教えない実践経営学』（日本経済新聞出版社、2007年）を書いたマコーマックは、たいていの人は営業マンとして生まれるが、成長するにつれてそれを忘れる、とユニークな指摘をする。

　考えてみれば、ほとんどの子供は優れたセールス本能を持っていることがわかる。子供は欲しい物をねだるのを恐れない。しかも粘り強い。子供は「なぜ？」と尋ねるのが得意である。

　つまり、「人間は生まれながらの営業マン」なのである。いまはそれが抑圧されているが、本来は卓越したセールス本能を持っているし、販売手腕を身につける能力も備わっているのだ。あとは誰もが潜在的に持っている思いやりや共感力、熱意といった人間的要素と、後天的に学習した販売知識などと組み合わせれば、「営業の達人」になれるのである。

サービス・ブランドの神髄

ブランドとは何か

ブランドとは何か。それは単なるシンボルではない。ブランドとは保証である。ブランド名を冠したサービスは、その名に恥じない信用を担うのである。

たとえば、次のブランド名を見てほしい。誰でも悪い連想はしないだろう。むしろ、ブランド名に宿るパワーを感じるはずである。

ソニー、P＆G、ナイキ、ディズニー、メルセデス・ベンツ、マイクロソフト。

ブランド名はサービス業の顧客に対しては決定的に重要である。なぜなら、サービス業では、めったに保証をつけることができないからである。その理由は、サービスにとって保証が難しいという事情がある。

弁護士の仕事内容をどうやって保証できるのか。ウェイターのサービスが行き届くかどうかの保証はどうやってするのか。税理士はあらゆる合法的な税控除を見つけてくれるのか。

たいていの場合、こんな不安への保証はできない。保証ができない以上、見込み客はブランドに頼ることになる。これがサービス業を利用する顧客の典型的な行動様式である。

サービス・ブランドの神髄

そう、見込み客がサービスの利用時に着目するのは、サービス業者がそのサービスを期待するレベル以上で履行してくれるという「信頼」にほかならない。

そうなると、最も望ましいサービスとは「信頼を裏切らないこと」にある。これがサービス・ブランドの神髄である。その本質はサービス会社と従業員の「誠意」にあるのだ。

ブランドの神髄はきれいな包みや、気のきいた広告、しゃれた社名ロゴにあるのではない。サービス・ブランドの神髄と、そのサービスの長期にわたる成功の秘訣は、それを担う人々の誠意にあるのだ。

　ブランドが崩壊するとき

　ブランドの浮沈は、その企業と従業員の誠意にかかっている。どんな不誠実な行いも高い代償を支払うことになる。
　誰だってたった一度の失敗をしたサービス業者を、それきり見限った経験があるだろう。彼らは嘘をついたか、信頼を裏切る行為をしたのだ。
　たった一度の過ちで、そのブランドは顧客にとって価値を失うのである。信頼を獲得するには長い時間を要するが、信頼を失うのはたった一瞬の出来事なのである。

顧客の度肝を抜くサービス

製品指向

　あらゆる産業においてマーケティングは3つの段階を通過する。すなわち、市場の勃興期、成熟期、革新期の3つである。
　第一段階は市場の勃興期である。この段階ではどの産業も顧客にかろうじて受け入れられる製品、サービスを提供すればよい。最低限の基準を満たすことが目標となる。顧客はそれでも買ってくれる。製品、サービスが提供する利便性が魅力だからである。
　たとえば、自動車の場合、価格が高く乗り心地に問題があったとしても、目的地まで動いてくれればいいのだ。すなわち、勃興期にある産業は製品指向なのである。

顧客指向

　第二段階は市場の成熟期である。この段階になると競合企業が参入し、製品、サービスの差別化が盛んになる。この段階でマーケティングが重要になってくる。
　顧客の声に耳を傾け、製品、サービスの改善を重ねる。自動車の場合であれば、車体のカラー・バリエーションを揃え、FM/AMラジオを搭載し、灰皿をつけるなど、付加価値をつける。
　第二段階では顧客のニーズに応えることが目標となる。すなわち、成熟期にある産業は顧客指向なのである。

想像力指向

　第三段階は市場の革新期である。しかし、第三段階に到達した企業はディズニーランドなど、ほんの一部である。ディズニーランドは顧客の要求を超え、顧客が想像することさえできなかったテーマパークをつく

り上げた。
　この段階では顧客の期待やニーズに応えることは目標にならない。消費者に対する意識調査も有効な答えとはなり得ない。
　第三段階を目指す企業は顧客の度肝を抜かなければならない。顧客を驚かせ、感動させる製品、サービスを提供すること。これが第三段階に到達するための条件である。すなわち、革新期にある産業は想像力指向なのである。

　顧客の想像を超える

　ところが、従来の概念を革新するような製品、サービスを提供できる企業は少ない。ほとんどの企業は第二段階で足踏みしており、そこを抜け出せずにいる。第一段階と第二段階の間を一進一退している企業も少なくない。
　第三段階に入るための最大の武器は「想像力」である。卓越した想像力は最大の経営資源となる。
　単に市場が求め、要求している製品、サービスを提供するのではない。顧客の想像を超えた製品、サービスをつくり出す。そのときその企業には、栄光と名声、圧倒的なマーケットシェアが与えられるのである。

類似性の法則

　人間は感情的な存在

　人間は感情的な存在である。類似品を比較検討して、合理的、理性的に買い物をする側面もあるが、実は感情で買い物をする側面のほうが大きい。
　営業マンの接客態度や言葉で満足もすれば不満足にもなる。買う気にもなれば買う気が失せることもある。たとえ商品が安くて優れていても、営業マンが気に入らなければ買うことはない。
　したがって、企業は顧客である人間がどのような特性を持っているのかを知っておく必要がある。人間には１人ひとりに個性が見られるが、もう一方で共通する心理的特性もある。そのひとつが「類似性の法則」である。

　類は友を呼ぶ

　人間は初対面でもすぐに打ち解ける場合がある。なぜ、すぐに打ち解けることができるのか。類似する部分（＝共通項）があるからである。出身地や出身校、趣味、考え方などが同じなら、初対面でも親しみがわいてくる。会話が弾み、意気投合しやすい。顧客の警戒心が解かれ、心理的に近くなる
　そこには「類似性の法則」が働いているのである。それは「自分と似たものが好きになる」という人間の心理的特性を指す法則である。ことわざでは「類は友を呼ぶ」という。
　人間は自分と似たものを否定できない。もし、否定したら自分自身を否定することになるからである。人間は自分と異なるものには違和感や警戒心を抱き、同じものには親しみや安心感を持つのである。
　それは各人が付き合っている友人を見れば明らかである。年齢、出身地、出身校、価値観、性格、趣味などが似ているはずである。つまり、

親しい友人とは「背景」が同じなのである。そこには類似性の法則が働いているのである。

 対人関係の魔法

 とはいえ、実際の営業場面で類似点のある顧客に会うとは限らない。そこで必要になるのが顧客と歩調を合わせて類似点を意図的に増やしていく技術である。コミュニケーション技術のひとつで「ペーシング」と呼ばれる。
 顧客の身振りや動作、表情、話し方などを真似ることで「私たちは同類だ」と感じさせる魔法のような技術である。そうすれば初対面の顧客に「まるで昔から知っている人のようだ！」と感じてもらえるのである。

顧客が買っているものは何か？

御社の売り物は何ですか

　ファーストフード業界の人々は、自分たちの売っている商品は「食べ物」だと思っているだろう。だが、マクドナルドはそのように考えない。では一体、何を売っているというのか。
　「来店時の体験」を売っているである。マクドナルドの顧客はハンバーガーを買っているのではなく、店内でハンバーガーを食べて過ごす「体験や時間」を買っている。マクドナルドはそう喝破したのだ。
　だから、ファーストフード店の人々は、単に食べ物を売っていると思ってはいけない。顧客は何かほかのものを求めているのだ。それが何かを見つけた会社が業績を伸ばすのである。

専門性は売り物ではない

　法律事務所や会計事務所など、専門的なサービスを提供する事業者は、その多くが得意先は自分たちの専門性を買っていると考えがちである。
　しかし、大半の得意先はその専門的で複雑なサービスを正しく評価することはできない。税金の還付事務などのサービスを受けても、それが本当に優れているかどうかはわからないのだ。
　ところが、事業者の対応の仕方についてならよくわかる。得意先は自分たちが大切に扱われているかどうかを感じ取ることについては「専門家」なのである。
　専門的なサービスでは、本当の売り物は専門性ではない。専門性は当然あるべきものと仮定されているからだ。
　専門的事業者が売っているのは、実は「人間関係」である。サービス業の本当の売り物、それは顧客が気分よくサービスを利用できる人間関係（対応）なのである。

第6章　販売と顧客の心理

サービスの決め手とは

　見込み客がサービス会社を選ぶとき、彼らはその会社の売り上げや業界での地位、技術的な水準を見ているのではない。それらも参考にするだろうが、実際にはサービス会社の「個性」を買っているのである。
「あの会社が好きだ」
「あのお店は感じがいい」
「あのお店は雰囲気がいいよ」
　顧客が口にする言葉は、論理的な理由を述べているわけではない。感じのよさを語っているのだ。『逆転のサービス発想法』(ダイヤモンド社、1998年)を書いたベックウィスがいうように、その会社の売り上げや商品力、技術的な水準は業界への入場料にすぎないのだ。その先で顧客を獲得できるかどうかは、顧客との人間関係で決まるのである。

似て非なる販売とマーケティング

似て非なる販売とマーケティング

　マーケティングという言葉は新聞、テレビ、雑誌、ビジネスの現場などで頻繁に使われるが、その正確な意味を知っている人は意外に少ない。
　売り込み、市場調査、データ分析、商品開発と同義に解釈している人が少なくない。なかでも、マーケティングとは販売管理のことであると誤解している人はことのほか多い。
　工場が生産したものを販売することが販売活動であるのに対して、マーケティングは市場（顧客）が必要とするものを提供する活動である。売る努力をしなくても売れる状態をつくること、あるいは、顧客が思わず買いたくなる仕組みづくりをいう。マーケティングは販売よりも大きな活動であり、それは全事業に関わる活動である。
　言い換えれば、販売の出発点は商品だが、マーケティングの出発点は顧客である。販売とマーケティングはこのように「似て非なるもの」である。

マーケティング活動の第一歩とは

　では、顧客が思わず買いたくなるようにするには、どうすればよいのか？そのためには、顧客に「何を売るのか」ではなく、顧客は「なぜ買うのか」を問うことである。
　顧客は商品そのものに関心があるのではない。商品がもたらしてくれる価値や便益に関心がある。だから、自社の商品を正しく位置づけること。これがマーケティング活動の第一歩である。
　「なぜ、消費者はこの商品を買うのか」
　「なぜ、顧客はわが社を選んでくれるのか」
　この問いに対する答えが商品の価値であり、自社の価値である。

商品の価値は顧客が決める

　その価値は販売側が決めるものではない。買い手側が決めるものである。たとえ、販売側が価値だと思っていても、顧客にとって魅力がなければ、それを価値と呼ぶことはできない。

　たとえば、定価120円のコーラをスーパーにおいて100円で割引販売しても、顧客はそれほど価値を感じないだろう。

　ところが、その同じコーラがしゃれたグラスに注がれ、雰囲気のよい一流ホテルで700円という価格で販売されていたらどうだろう。顧客は価格を高いと思わないだろうし、当たり前のように700円を支払うだろう。

　この場合、顧客はコーラそのものというより、一流ホテルのおもてなし、店員とのコミュニケーション、一流ホテルでコーラを飲む雰囲気、体験、時間という付加価値に魅力を感じてお金を支払うのである。商品は位置づけによって顧客が支払う金額に差が出てくるのである。

　このように顧客の立場になって、自社の商品の価値を把握できたならば、それを洗練させ、徹底的に伸ばしていく。こうした活動の全般をマーケティング活動というのである。

顧客は黙って去っていく

顧客の声は企業を映し出す鏡

　顧客の声は企業を映し出す「鏡」である。顧客の声に耳を傾けることで、真のニーズを探ることができる。
　だから、企業は対面営業や顧客アンケート、インターネットなどを利用して、積極的に顧客の声を吸い上げていくことが重要になる。

クレームは成功への種

　顧客の声の中でも、「クレーム（苦情）」や「不満」は企業にとってビジネスチャンスにつなげる貴重なヒントになる。クレームには「成功への種」が隠れているからだ。
　クレームの背後にある問題を解決する努力によって、企業は商品やサービスの品質を向上させ、発展できる。それだけでなく、いままでにない夢のような技術や商品の開発につなげることも可能になる。だから、決してその場しのぎの対応をしてはいけない。
　クレーム対応時の誠実な姿勢は、顧客の心をつかむ。自分の苦情に対して期待以上の対応をしてもらえたならば、顧客はいままで以上に企業への信頼感を寄せ、ファンになってくれるのである。
　クレーム問題に詳しい古谷治子氏によると、永久顧客の約6割は企業の誠実なクレーム対応によって生まれるという。

顧客は黙って去っていく

　では、顧客は商品やサービスに不満を持った場合、どのような行動をとるのであろうか。
　グッドマンの法則によると、商品やサービスに不満があった場合、顧客が苦情を申し出る確率は金銭的損失を被った際でも50％から75％で

ある。その他の顧客は「面倒くさい」「いまさら苦情をいっても、どうにもならない」という理由で苦情を申し出ない。

「この弁当はおいしくない」「このラーメンはまずい」といった感覚的な不満になると、苦情を申し出る確率は5％から30％に激減する。

クレームとは、そんな確率で上がってきた「顧客からの重要な問題提起」でもあるのだ。

それでは、商品やサービスに不満を持った顧客は、次にどのような行動をとるのであろうか？黙って去っていき、今後は別の企業（店舗）を利用するようになるのである。

第 7 章

デジタル時代のコミュニケーション

デジタル社会の功罪

デジタル機器が浸透

　現代はデジタル社会である。デジタル方式の機器はすべてのデータをスイッチのオンとオフにあたる「0」と「1」の数列に変換して記録や通信を行う。アナログ方式に比べ情報の劣化が少なく、誰でも容易に情報の記録や編集、発信ができる。このデジタル機器が現代社会に広く浸透している。
　デジタル機器の代表はコンピュータ（電子計算機）である。コンピュータはもともと、計算の道具であったが、インターネットにつながり、電子メールなどのメディア（媒体）として家庭にも普及した。
　一方、携帯電話の普及に伴い、ケータイメールも普及した。このため、いつでも、どこでも、時と場所を選ばずに文字通信ができるようになった。

モラルの普及が追いつかない

　電子メールは当初、個人間の通信に使われていたが、いまでは企業や組織などの正式な文書のやりとりにも使われるようになった。
　それに伴い、メールでのコミュニケーションで問題が起こり始めた。が、急速に発展したデジタル社会では、ネットやメールの使い方、作法、モラルの普及が追いついていない。勢い、問題発生の温床にもなりやすい。
　実際に、メールやインターネットでのやりとりから、誤解、名誉毀損、児童売買春、殺人事件などの問題が発生している。

過度の依存は危険

　若者のコミュニケーション能力に関していえば、現代の若者は携帯電

話やケータイメールに親しんできたため、社会人として企業の固定電話やパソコンメールを使うときに、形式を混同して失礼な行動をとることがある。

　私自身は、ある有名企業の課長職の方から絵文字の入ったビジネスメールをもらうなど、何回か戸惑った経験がある。

　デジタルメディアは記録性、正確性、迅速性などの点で、郵便や電話など旧来のメディアよりも格段に優れている。言い換えれば、効率のいいコミュニケーションが可能になるわけだが、その利便性に依存しすぎて、場面による使い分けができないと問題が発生することになる。

対面コミュニケーションが主体

　デジタルメディアと人間の関わりに詳しい久保田裕氏は、その著『情報モラル宣言』（ダイヤモンド社、2006年）の中で、ある外資系IT企業の事例を取り上げている。

　その会社では以前、社内連絡はほとんどメールで済ませていたため、フロア内がシーンとしていて社員同士のコミュニケーションが希薄になった。ビジネス上のやりとりもトラブルが続出するようになった。

　このため、同じ部署内でのメールのやりとりを一切禁止した。メールの利便性よりも対面によるコミュニケーション効果のほうが高いと判断したからである。

　久保田氏は前出の著書の中で、メールを使えば地球の裏側にいる人とでもコミュニケーションがはかれるが、隣に座っている人とのコミュニケーションにまでメールを使う必要があるのか、と問いかけ、「携帯やインターネットがコミュニケーションツールとしての役割を果たすのは、その土台に『対面によるコミュニケーション』があればこそ」と指摘、対面によるコミュニケーションの重要性を説いている。

　しかし、この対面によるコミュニケーションが軽んじられ、デジタルメディアの利便性ばかりを追うようになると、コミュニケーションのバランスが崩れ、問題が起こるようになるのである。

デジタルメディアと組織的コミュニケーション

　　静かすぎる職場

　デジタルメディアの普及で人間のコミュニケーション環境は豊かになったはずだが、優れたデジタル技術も使い方を誤ると弊害が起こるのである。多摩大学大学院の舞田竜宣客員教授は、その著『社員が惚れる会社のつくり方』（日本実業出版社、2009年）のなかで、コミュニケーションのほとんどをメールに頼るある会社の事例を物語風に紹介している。この事例を私なりに要約して紹介する。
（1）朝の挨拶も会話もない
　他社から転職してきたA氏は、出社当日のことをいまでも忘れられない。「さあ、やるぞ」と元気に職場のドアを開けたA氏は、あまりの静けさに「まだ、誰も来ていないのか」と勘違いしてしまった。
　自分の席に向かって歩いていくと、パーテーションの向こうに人々の頭が見えた。慌てて「おはようございます」と挨拶すると、その同僚たちは陰気な目でじろっと見て、ぼそっと「おはようございます」と返事をした。しかし、他の社員たちは会社に来ても何もいわない。「おはようございます」も「お先に失礼します」もいわないから、いつ来ていつ帰っているのかわからない。
　A氏の職場では挨拶だけでなく、日中の会話もほとんど聞かれない。同じ職場の人たちと何のコミュニケーションもないわけではないが、向こう側に見えている人にも、歩いて行って話しかけるのではなく、メールを送る。隣の人にすら「ちょっとさあ」と一声かけるのがためらわれ、メールを送ってしまう。
　この会社では社長も部長も社員へのコミュニケーションはほとんどメールだ。全員同時に同じメッセージをもれなく正確に伝えたいから、というのが理由らしいが、A氏は社長の声を聞いたことがなく、最近では顔すら忘れてしまいそうだ。すぐそばに座っている課長にも直接話しかけることはまずない。お知らせなどもすべてメール。重要なお知らせほ

どメールにすべきだというのが課長の持論である。
　だから、この職場では「メールしましたよ」というのが報告・連絡・相談と同義になっている。そのため、まれに誰かに「あの件はどうなっている？」と聞いても、「メールしましたよ」のひと言で済まされてしまう。
（2）言葉以外のコミュニケーションがない
　そんな調子であるから、Ａ氏の職場ではみんながパソコンに向かって集中し、周囲のことなど気にしない。「それがいまどきの職場なのかな」Ａ氏は同僚のＢ氏と昼食をとりながら、思わずぼやいた。「職場はみんながワイワイがやがやと話して、そこから何かが生まれてくるものではないかな」「そうだな。実際、メールが普及してかえってコミュニケーションが悪くなったという話は、あちこちで聞くよ」Ｂ氏はうなずきながらいった。
　「考えてみれば、変だよな。メールは最新のコミュニケーションツールのはずじゃないのか。それなのに、かえってコミュニケーションが悪くなったというのは矛盾じゃないのか」「そうそう、Ｍ社の人間がメラビアン効果という話をしていたなあ」「メラビアン効果って？」「たしか、人間同士のコミュニケーションでは、言語的な要素が占める割合は７％にすぎないそうだ」「それで残りの93％は何」「38％が口調などの音的要素、55％が身ぶりや表情とかのビジュアル要素だそうだ」
　「そうすると、メールでは口調も身ぶりもないから、話の７％しか伝わっていないということだ」「そう。よくメールだと誤解が生まれたり、なかなか真意が伝わらなかったりするのは、そのせいなんだ」「すると、コミュニケーションのほとんどをメールに頼る職場では、言語情報以外の93％のコミュニケーションが失われたというわけか」「コミュニケーションが減ったというのは、まさにそのことなんだ」
　「なるほど。由々しき事態だな。便利で楽なツールに頼ると、人としての力が弱まってしまう、というわけか。だからメールという便利なツールの普及で、人と人とのコミュニケーションが疎遠になってしまった、という理屈が成立するのか」

デジタルメディアの位置づけ

　1995年以降、インターネットの本格的な普及が始まった。「インターネットの登場で世界中の人たちとつながるようになる」「インターネットの普及でコミュニケーションの可能性が大きく広がる」と盛んに喧伝された。
　確かにインターネットやメールを通して、現代人は多くの人々とつながり、コミュニケーションができる可能性が開けた。
　しかし、コミュニケーションツールの普及は、必ずしも人々のコミュニケーション能力を高めたわけではないし、人々がそれに満足しているわけでもない。
　比較行動学者の正高信男氏が『ウェブ人間退化論』（PHP研究所、2008年）のなかで指摘するように、いくら情報技術が進歩したとしても、人間の営みを支え、社会を発展させていく原動力は人間でしかない。情報機器はあくまでそれを補完する手段にすぎないのだ。

第7章 デジタル時代のコミュニケーション

デジタルメディアによるコミュニケーションの死角

デジタルメディアの影響

　現代人は豊富なデジタルメディアに囲まれ、膨大な情報の海の中で生きている。時には情報の海で溺れそうにもなるが、それらのデジタルメディアは社会とコミュニケーションのありようを変えつつある。特に感受性の豊かな若者はその影響を受けると思われる。

　ネットいじめや児童売買春事件など、ネット上で青少年が関係した事件が起こると、テレビや新聞、雑誌は刺激的に報道するため、どうしてもデジタルメディアの悪影響が大きく見える。そのため、デジタルメディア有害論が声高に叫ばれることになる。そうした議論は俗耳にも入りやすい。

　新しいメディアが普及する過程では、大人たちから「新しいもの」に対する警戒心が表れやすい。すると、新しいメディアの危険性に焦点をあてた議論が起こってくる。かつてはテレビやテレビゲームが指弾された。現在はケータイやインターネットが有害視される傾向にある。

　しかし、デジタルメディアはコミュニケーションのひとつの手段にすぎない。それをどのように使うのかといった観点からの検討が必要不可欠である。この点で人々の情報行動を精査することで、メディアの位置づけをとらえる研究の重要性は高いと思われる。

利便性の落とし穴

　デジタルメディアを利用すると、効率のいいコミュニケーションが可能になる。しかし、利便性を追求しすぎるとコミュニケーションのバランスが崩れ、問題が発生するようになる。メールなどのデジタルメディアは、あくまで対面でのコミュニケーションを補う手段なのである。

　デジタルメディアを介したコミュニケーションは刺激的である。利用者を夢中にさせる仕掛けも随所にある。人間関係に疲れた人などは、と

もするとネット上での刺激や癒しを求めてのめり込みやすい。

コミュニケーションの死角

　ネットの世界は一見すると、「オタク」の世界のように見える。が、内実はそうではない。社会的な立場も経験も異なる人々が、お互いの顔が見えないコミュニケーションを行うためには、背景にお互いの類似体験や社会経験が必要なのである。

　たとえば、ソーシャル・ネットワーキング・サービスの「ミクシィ」で男女関係、上司と部下の関係、親子関係などを書いた日記が、属性や経験の異なる人々の間でお互いに理解し合える背後には、現実世界での類似体験という共通の基盤があるからである。

　現代の若者は局面的な人間関係の体験は多いけれども、全人的な人間関係のそれは比較的少ない。人格をぶつけ合って、お互いの表も裏も知る経験が少ない。人間のさまざまな側面を見たり、他人の思いを確認したりする機会が少なく、「ウブ」に育っている。そのため、表面的には明るく人に合わせられるが、思い込みが強く、キレやすく、傷つきやすい。人から嫌われることに敏感である。つまり、どこかに対人不安を抱えているのである。

　インターネットやメールは局面的な人間関係を結ぶメディアである。若い世代にとっては魅力的に映るであろう。が、利用者の人間関係の持ち方が端的に表れる。お互いの顔が見えないメディアであるため、使い方や振る舞い方を誤ると大変な行き違いが生じるのである。とりわけ、人格をぶつけ合う経験の少ない若者にとっては注意が必要である。そのような特性をよく理解したうえでデジタルメディアを利用するならば、人間のコミュニケーションの可能性を大きく広げてくれるに違いない。

デジタル時代における美しい逆説

　かつてない規模と速度で情報が拡散

　ブログやツイッター、フェイスブックなど、ソーシャルメディアが爆発的に普及し、スマートフォンなどの電子機器も多種多様な製品が発売されている。世界中の人々がそれらのメディアを利用し、コミュニケーションを楽しんでいる。
　たとえば、フェイスブックの利用者は全世界で約５億人。国の人口にたとえれば、中国やインドに次ぐ人口大国がネット上に誕生したことになる。それだけの人々がソーシャルメディアを利用しているため、情報の拡散がかつてないほどの規模と速度になっている。

　デジタル時代における美しい逆説

　興味深いことは、ネット上のコミュニケーションの変化が現実世界のコミュニケーションのありようを確実に変えつつあることだ。
　その変化とは、売り手側が情報を意図的に操作することが難しくなっている点である。個人間で高速かつ大量の情報が伝達され、口コミが瞬時に広がる状況下で、売り手側の誇張や歪曲、誇大広告が通用しなくなったのである。
　デジタル・コミュニケーションの世界では、権力や資金力、技巧で情報を操作する人々が利益を上げるのではなく、顧客のために誠実に活動する企業や組織に信頼が集まるのである。
　インターネットがもたらした変化とは、デジタル時代が進展すればするほど、アナログとしての人間の価値が高まるという美しい「逆説」なのである。人間性を磨いている人は、デジタルメディアを通じて多くに人々に知られ、活躍できる時代になったのである。

誠実さが認められる時代

　カルティエ、グッチ、シャネル、エルメス、ルイ・ヴィトン。かつてブランドといえば、誰もが憧れるこれらの有名ブランド（企業）を思い浮かべる人が多かった。が、現在では「自分ブランド」「個人ブランド」という言葉が社会に流通するようになった。

　大企業が豊富な資金力で行っていたマス媒体（新聞、テレビ、雑誌等）による情報発信を、今日のようなデジタル時代には、個人や中小企業でも自由に表現できるようになったのである。個人や企業が強みを伸ばし、その魅力を誠実に実行し発信すれば、心ある人々から共感され、認められる時代を迎えたのである。

第 8 章

組織におけるコミュニケーションの本質

組織における人間と人間のぶつかり合い

分析・経験・アートの融合

　マギル大学（カナダ）のミンツバーグ教授は、その著『MBAが会社を滅ぼす』（日経BP社、2006年）のなかで、経営者に必要な3つの要素を挙げている。
　①分析を中心とする科学的要素
　②経験を中心とする職人的要素
　③ビジョンの創造というアート的要素
　そのうえで、これまでのMBA教育は分析を中心とする科学的要素に偏っており、分析のできる計算高い人間ばかりを生み出していると批判する。すなわち、バランスを欠いているというのである。
　ミンツバーグ教授が指摘するように、経営者の役割のひとつとしてビジョンの創造は重要である。が、それは市場の分析と、ビジョンの実行を通じて得られる経験があって、はじめて成果に結びつくのである。
　ビジョンが未来の企業に関する仮説であるとすれば、その実行は顧客や競合企業の反応を通じて仮説を検証し、見込み違いがあれば修正して、質の高い仮説に練り上げていく過程にほかならない。
　だから、企業の活動とは経営者と中間管理職、現場の社員という三者がそれぞれの役割を果たすだけでなく、有機的に協力し合ってその存在価値を発揮するものである。その根底には組織的コミュニケーションが存在する。

企業組織を流れる血液

　企業は業績を上げるため、顧客や市場動向などを科学的に分析し、論理的な戦略を立て、各種の制度や仕組みを導入して活動している。が、思うような成果を上げられずに苦しんでいる企業が少なくない。それは

合理的な制度や仕組みを導入したけれども、社員の「やる気」を喚起できていないからである。

　経営者にとっては、科学的な分析を経て練り上げた経営戦略には思い入れがあるだろう。だが、どんなに科学的で精緻な経営戦略も、社員の間で共有されなければ業績につながることはない。社員は内心で「そんなこと、できるわけがない」と思っている場合も少なくない。

　人間には感情があるので、理屈や説明、指示だけではついてこない。頭で理解して、感情で共感し、それが意欲と結びついて、はじめて行動するものである。論理と人間の気持ちは簡単に相容れないのである。

　経営学はこれまで、科学的な分析を重視するあまり、人間の感情という不合理な側面を軽視してきた。が、上述のとおり、感情が動かなければ行動につながらない。だから、経営者は人間の気持ちと正面から向き合うことが必要である。

　慶応大学の清水勝彦教授が『戦略と実行』（日経BP社、2011年）のなかで指摘するように、経営者（リーダー）は体を張って社員とぶつかり合ってこそ気持ちは伝わる。それでも感情の領域には容易に踏み込めない。人間はわかり合えるまで時間がかかる存在だからである。

　コミュニケーションとは、単なる情報の伝達や交換ではない。そこでやり取りされるものには、感情や意思なども含まれるからである。組織的コミュニケーションはこのような意味で、組織を流れる「血液」ともいえるほど重要なのである。

「ビジネスに私情をはさむな」は本当か

ある面では正解

「ビジネスに私情をはさむな」といわれる。個人の感情や好き嫌いをはさむと判断の目が曇るから、ビジネスの判断はあくまで論理的に行う必要があるというわけだ。

私情で規則や判断を曲げていては、組織の規律を保てないし、組織の利益が私物化されかねない。社長が面子にこだわって、傾いている事業に資源を使い続ければ、悲惨な結果に終わるだろう。だから、「ビジネスに私情をはさむな」には一理ある。

ある面では不正解

しかし、論理的であれば社員が納得するわけではない。人間には感情があり、それが行動面に大きく作用することは事実である。

アメリカでは経営者の報酬が現場の社員の400〜500倍あることは珍しくない。会社の業績が好調なときであるならまだしも、大きな赤字に転落し、従業員に対して大幅な減給を実施しているときであるなら、社員は承服し難いだろう。

実際にデルタ航空で過去、そのような事実が明るみに出たことがある。この際にデルタ航空は、経営陣に巨額のボーナスを出したのは「有能な経営陣の流出を防ぐため」と説明した。優秀な経営陣がいなければ会社の再建はありえないので、論理的で合理的な判断といえる。しかし、個人の感情としては、到底、納得がいかないだろう。

人が感動する理由

それは身の回りの購買行動を観察してもわかる。たとえば、1000円を支払って、値段相当の商品を購入しても人は感動しない。

ところが、わずか1000円で予想外のサービスを受けたときには感動する。「合理的な範囲」を超えたサービスを受けたからである。

私たちは合理的な判断を超えて、思ってもみなかった事柄に遭遇すると驚かされ、感動する。論理的で予想通りの展開には感動しない。契約が遂行されたにすぎないからだ。契約を超えた誠意や気持ちなどのプラスアルファが加わって、人は「そこまでするのか！」と感激するのである。

納得の根底にある感情

納得するのは論理的に優れている点よりも、相手の気持ちがわかるからである。だから、相手から「納得がいかない」「説明してほしい」と求められるときは論理が問題なのではない。気持ちの問題なのである。その人を信頼していない気持ちの表れなのである。

したがって、組織的コミュニケーションとは論理的に会社の方針などを伝えるだけでなく、感情、気持ち、人間性までも伝え、共有と共感をつくり出す営みなのである。

企業組織とは、合理的につくられた利益追求の集団であるが、そこには感情を持った生身の人間が属している。論理的な整合性は組織的コミュニケーションの「必要条件」であるが、そこに伝える側の誠実な「気持ち」が入ったとき、はじめて「必要十分条件」となるのである。

人を助けるとはどういうことか

支援学の秀作

　私が在籍した多摩大学大学院には、本間浩輔客員教授による「組織行動とリーダーシップ」という科目が置かれていた。同授業でエドガー・H・シャインが著した『人を助けるとはどういうことか』(英治出版、2009年)を取り上げた。読んで大きな収穫であった。深い英知に基づく支援学の秀作であった。以下は同書から学んだ要点である。

社会関係の基本

　人はひとりでは生きていけない。社会のなかで人と助け合いながら生活を営んでいる。人を助けることは人間関係、社会関係の基本である。
　親子、友人同士、先生と生徒、先輩と後輩、上司と部下、医師と患者など、支援を伴う関係は無数に存在し、ありふれた行為でもある。私たちはその行為のあり方を深く考えることもなく、無意識のうちに当たり前のように行っている。

役に立たない支援

　だが、世の中には役に立たない支援やひとりよがりの支援があまりにも多い、と著者のシャインはいう。なぜか。
　相手が何を求めているのか知らないためである。大抵の場合、支援者が身近な相手(クライアント)についてさえ知らないことが多いという。シャインは「望まれない支援」を行ってしまった例を本書のなかで多数挙げている。たとえば、こんな例である。
　シャインは以前、あるピクニックで料理が山盛りの皿を運んでいる3歳の子供に手を貸そうとしたことがある。すると、その子の父親は手を出さないでほしいと注意した。「この子にやらせておいてください。自

分でやり方を学ばねばならないのです」と。

　また、シャインは娘さんのこんな例も挙げている。シャインの娘さんは水彩画の授業を受けていた。あるとき、木を描くのに苦労していた。すると、先生が手を貸そうと寄ってきた。絵筆をつかむと、しかるべき木に見せるために必要だった主要な線を描いたのである。シャインの娘は腹を立て、傷ついた。その線を自分の力だけで描きたかったからだ。

　私たちの周囲にも、「よかれ」と思って行った支援が拒絶され、不快感を味わった人々が少なくないであろう。恥ずかしながら、私自身もそうした失敗を数多く経験している。

　シャインはいう。クライアントのことを知らずに支援はできない。クライアントのことをあまりにも知らないという無知の自覚からプロセスを開始しないといけない、と。

　効果的な支援の要件

　では、効果的な支援を行うためには何が必要なのか。シャインは支援に入る前に、まず相手が何を求めているのかを知ることであり、場合によっては、相手が困っている問題について一緒に考える過程（プロセス）のほうが重要であると述べている。

　シャインはセラピーやテニスの指導など、さまざまな支援を受けてきた。支援者としては、夫、3人の子供の父親、7人の孫の祖父として、奥さんや子供、孫の面倒をみてきた。大学教授や経営学者として、大学生や企業の相談にのってきた。乳がんを患った奥さんを何年も介護した。

　こうした豊富な経験と組織心理学等の理論に基づいてこの作品をまとめた。何と50年以上も着想を温めてきたという。

　微妙なダイナミクスを平易に語る

　『人を助けるとはどういうことか』（英治出版、2009年）は、効果的な支援の原理原則とコツをわかりやすく語るとともに、実践につながる会話の例も多数盛り込んでいる。このため、「自分ならどんな助けの言

葉を話すだろうか」と考えながら読むことができる。
　「人を助ける」ということの感情的で微妙なダイナミクスを平易に語っており、誰が読んでも腑に落ちる好著である。

第8章　組織におけるコミュニケーションの本質

人を動かすコミュニケーションの出発点

企業にとっての落とし穴

　企業が行うコミュニケーションには「ひとりよがり」が多い。企業からの情報は「人々の興味をひくだろう」という予測のもと、他人を動かそうと企図して発信されている。今日、その情報量は膨大である。
　これは一見すると、積極的な作戦のようだが、実は受け身の作戦である。クリックされるのを待っているウェブサイトの広告を見ればわかるように、相手のほうからこちらに接触してもらう必要があるからだ。
　問題はそれが一方的な売り込みで、「対話」ではない点である。企業にとっての落とし穴はここにある。広告宣伝する技術ばかりに気をとられ、顧客の欲求を確認する重要性を忘れがちになるからである。
　顧客が何よりも求めているのは、お互いを結びつける対話である。対話が始まるのは、あらゆるやり取りを相手にとって重要なのは何かという視点に立つときである。

対話の出発点

　この出発点は人の話をよく聞くことである。話をよく聞くことを通して、相手にとって何が重要かを突きとめ、それを念頭に置いて話をする。
　そうすれば相手の心をとらえることができる。すると、顧客との間に親密な信頼関係ができ、それを通してお互いの利益を向上させられる。
　企業が行う広告宣伝の多くは、顧客との接点をつくるにすぎないのだ。

人間の本能的欲求

　すべての人間に本能的に備わっているのは、正直なコミュニケーションへの欲求である。私たちは皆、人を理解したいし、人から理解されたい。その欲求の先には真に結びつくことへの欲求がある。人から受け入れられ、認められたいという願望である。そうして実り多い関係を築きたいのである。
　○○会社の営業マンとやり取りすると「いつもいい気分になる」ということに顧客は動かされる。どのメディアを使って広告を出したら、何人がクリックしたかではない。
　重要なのは顧客との間に意味深いやり取りをすることである。そうして豊かな信頼関係ができたとき、はじめて感化力（人を動かすこと）が伴うのである。
　真のコミュニケーションは聞くことから始まる。人を動かすコミュニケーションは対話から出発するのである。

クライシス・コミュニケーションの成否は
マスコミ対応にかかっている

宇於崎裕美氏から学んだ要諦

　リスクマネジメントの専門家と会うことが多い。リスクマネジメントの調査研究をするためである。
　宇於崎裕美氏とは数回会った。宇於崎氏は企業広報を手がけるエンカツ社の社長であり、『不祥事が起こってしまった！』（経営書院、2007年）の著者でもある。以下は同氏から学んだ企業危機管理広報の要諦である。

企業に対する社会意識の変化

　企業活動に対する市民の目が厳しくなっている。その背景には企業の社会的責任を問う声が強まったからである。それだけに事件、事故が発生した際に、企業が適切に情報を公開するクライシス・コミュニケーションが重要である。
　ネガティブな報道があると、利害関係者にマイナスの影響を与える。具体的には、株価や社員の士気低下、消費者離れなどを招く。報道によるマイナスの影響を二次被害だとすれば、これを最小に食い止めることが経営上の重要課題だといえる。
　事件、事故の発生時に企業がクライシス・コミュニケーションを成功させたならば、信用を回復し、逆に企業価値を高められる。参天製薬の異物混入事件のときの対応がその好例だ。
　同社は事件の発生後、すぐに製品回収を決定し記者会見を開いた。迅速な情報公開により消費者への被害を未然に防ぎ、社会から高く評価された。
　ところが、不祥事を起こした多くの企業がクライシス・コミュニケーションに失敗している。その不手際や責任逃れを糾弾する報道を、

私たちは多数見ている。
　クライシス・コミュニケーションが重要性を増した理由は、利害関係者の側に意識の変化があるからである。消費者が企業に説明責任を求めるようになったからである。

　ネガティブな報道による損失

　企業が不祥事などを起こすと、取引先や株主、従業員のほとんどは新聞記事などで事件、事故の発生を知る。
　そのときに企業が正しく状況を説明していなければ、間違った情報や憶測記事が出る可能性がある。間違った記事が出てから、企業側が慌てて言い訳をしても、取引先や従業員、監督官庁は好意的に受け取らない。
　だとすれば、企業はクライシスの発生時に正しい情報をマスコミに伝えるべきである。何か起きたときにマスコミを排除するのではなく、むしろ企業のメッセージを発信するためのチャンスだと考える。そうすればマスコミから逃げる必要はなく、むしろ状況を迅速に利害関係者に知らせるための協力者だととらえられる。不祥事を隠そうとするから、マスコミをうるさいと思うのである。
　インターネットが普及した現代社会では、不祥事を隠し通すことはほぼ不可能である。事件、事故の発生時にそれを隠すと、予想もしないネガティブ報道をされて、企業の信用は失墜する。
　ネガティブな報道をされると、マイナスイメージを形成するための広告を打っているのと同じか、それ以上の影響がある。当然、企業のブランド価値も下がる。

　企業危機管理の要諦

　こうした損失があるため、企業は不祥事報道を早く終わらせたい。それでは、クライシス・コミュニケーションの原則とは何か。大きく分けて次の3つである。

1つは、誠実第一主義に基づく情報公開を挙げられる。そのためにはトップに覚悟が必要である。
　2つめは、どのように情報公開するかという方針と戦略が重要である。社長が思いつきでコメントすると、失言する場合もあるからである。
　3つめは、企業の姿勢が重要である。事件、事故の概要や企業責任に対して的確に伝えようとする誠意が不祥事報道の早期終息につながる。
　このようにクライシス・コミュニケーションの成否はマスコミ対応にかかっており、それは企業危機管理の要諦なのである。

出会いの瞬間からイメージコミュニケーションが始まる

企業は顧客対応の質で選ばれる

　私たちが商品やサービスを購入する動機には、「スタッフの対応がよかった」「親切に説明してくれた」というコミュニケーションの内容が多くを占めている。
　つまり、顧客は商品やサービスに付随する顧客対応（コミュニケーションの質）の良否で企業（お店）を選んでいる場合が多いのである。
　コミュニケーションというと、「話す」「聞く」といった会話をすぐに連想しがちであるが、「言語」「非言語」という２つの部分から理解すると、コミュニケーションは円滑になる。なかでも、第一印象の良し悪しがその後のコミュニケーションに大きく影響する。

出会いの瞬間からイメージコミュニケーションが始まる

　第一印象とはその人に対して抱くイメージである。実はイメージとコミュニケーションには密接な関係がある。
　アメリカの心理学者、アルバート・メラビアンによると、第一印象を決める要因は、視覚的要素が55％、聴覚的要素が38％、話の内容が7％を占める。
　聴覚的要素とは、身だしなみ、表情、メイク、立ち居振る舞い、態度、挨拶など。聴覚的要素とは、言葉遣い、話し方、声の調子などが挙げられる。第一印象を決める要因は、話の内容以外がほとんどを占めているのである。
　「この人になら話をしてみよう」「この人の話なら聞いてみよう」と相手を受け入れる気持ちになるのは好印象の人に対してである。嫌な印象の人に対しては、このような気持ちにはなりにくい。
　出会いの瞬間からイメージコミュニケーションが始まるとすれば、自分の印象を決定づける事柄に心配りしていくことが重要となる。

第8章　組織におけるコミュニケーションの本質

第一印象を決定づける挨拶と表情

　では、どのようにすれば第一印象をよいものにできるのか。好印象を持たれるには、挨拶、表情、態度、身だしなみ、言葉遣いの５つが重要である。

　コミュニケーションの基本は挨拶であるが、挨拶にはお辞儀とその人の表情が伴う。誰でも初対面の人からにっこりされれば、「この人は私を受け入れてくれるのかな」「私を認めてくれるのかな」という気持ちになる。表情には非常に大きな力があるのだ。また、笑顔の人には、「話しかけやすい」「尋ねやすい」「依頼しやすい」という３つの効果が生まれる。

　これこそがコミュニケーションの出発点である。そこから会話が生まれ、ひいては信頼関係や友情、愛情が芽生えてくるのである。

ピンチを切り抜ける言葉の使い方

渡辺由佳氏から学んだ要諦

　ある日、渡辺由佳氏と東京・神保町で会った。
　渡辺氏はテレビ朝日のアナウンサーとして、「こんにちは２時」「ザ・ニュースキャスター」など多くの人気番組に出演した。
　同社を退社後は、話し方やビジネスマナーの講師として活躍。マナースクールや企業、大学などで言葉遣いに関する研修や講演を行っている。
　著書には『敬語入門』（かんき出版）、『ビジネスメール入門』（かんき出版）、『かっこいい大人の女になる！話し方レッスン』（すばる舎）などがある。
　以下は渡辺氏から学んだピンチを切り抜ける言葉の使い方である。

苦情の言い方が最も難しい

　ビジネスにおいて、最も難しいのが苦情の言い方である。相手に落ち度があると、つい腹を立てたり、勝ち誇ったかのように責め立てたりする人がいる。
　しかし、いつ、どこで、誰に助けられるかもしれないビジネスの世界では、相手との関係を壊すのは得策ではない。苦情を口にするときこそ、細心の注意が必要である。
　たとえば、取引先から納品の期限が過ぎても、商品が届かなかったとする。「納品期限がとっくに過ぎているのに、まだ届いていない。どうなっているのですか？」と、相手を責めるのは簡単である。
　しかし、このひと言で取引先との関係にヒビが入るのは必至である。だから、まず、自分たちの足元を固めるため、本当に届いていないのかどうか自社内で調べる。それから、「恐れ入ります。納品期限を過ぎているのですが、こちらでは、まだ納品が確認できておりません。お手数ですが、至急、お調べいただけないでしょうか？」という言葉を使うの

である。

　敬語の使い方次第で相手の受ける印象は違う

　「商品が届いていません」というのは、相手を直接、責める言葉になる。「お調べいただけないでしょうか？」というのは、相手を直接、責めるのを避ける言葉になる。
　つまり、相手の会社のどこかでミスが起こっているかもしれない。調べていただけると助かります、という意味合いになる。こういう言葉を使うことによって、相手との関係を壊さないですむのである。
　日本語には、苦情をいう際にも相手を傷つけないですむようなやわらかい言葉が多い。嫌なことを相手にいったり、何かを催促したりするときに、このやわらかい表現が真価を発揮する。敬語の使い方次第で、相手の受ける印象はまったく違ってくるのである。

部下の意欲を引き出す小さな習慣

教えすぎは百害あって一利なし

　人の上に立つ者が結果ばかり気にしていたら、その指導はどうなるであろうか。結果を出そうとするあまり、指示・命令を連発し、教えすぎてしまうだろう。自分のやり方を部下に押しつける上司も少なくないだろう。

　なかなか結果が出なかったり、いわれたとおりにしない部下がいたりすると、上司は怒り出すだろう。

　すると、どんな結果が待っているか。部下は上の人にいわれたことだけをやろう、怒られないようにしようと「後ろ向きの努力」を始める。

　次第に何かに挑戦しようという意欲や創造性が失われ、上司からいわれたこと以外は何もしない「イエスマン」や「指示待ち族」になってしまうのである。

　人の上に立つ者の過度の指示・命令は、部下たちの自発性を奪うことになる。まさに教えすぎは「百害あって一利なし」なのである。

人の上に立つ者の本当の役割

　人の上に立つ者の役割を「自分の思いどおりに部下を動かすことだ」と誤解している人は実に多い。組織のなかで人の上に立つ者には何らかの権限が与えられているが、自分の役割を誤解している企業のリーダーは、概してその権限を使って部下を強引に動かそうとする。

　業務命令なので、部下は動こうとするが、自主性は生まれにくい。また、権限に頼りすぎて、知らないうちに部下の人格を傷つけている場合も少なくない。

　人の上に立つ者の本当の役割は「自分の思いどおりに部下を動かすこと」ではない。「部下の意欲を引き出すこと」である。

　そのためには、部下の個性や立場を尊重し、それを見分ける必要があ

る。それが信頼関係を築く前提であり、部下に自ら動いてもらうための「出発点」である。

　部下の意欲を引き出す小さな習慣

　人の上に立つと、人間はどうしても部下の欠点に目が向いてしまうが、部下の意欲を引き出すためには、長所を見つける必要がある。
　高校野球の監督などを務めた清水隆一氏は、その著『聴き上手が人を動かす』(ベースボール・マガジン社、2008年)のなかで、部下の長所や個性を見分けるには「問いかけ」が有効であるという。「人はあまり干渉されたくないが、どこかで見ていてもらいたい」という欲求があるからだ。
　たとえば、「調子はどう？」という問いかけをしても、自分の体調について話す人、仕事の進捗について話す人、組織について話す人など、多種多様な答えが返ってくる。ちょっとした問いかけでも、1人ひとりの反応は異なり、その人の個性が表れるのである。
　関心を持って見ていれば、部下の個性や長所は自ずとわかってくるのである。そうした小さな問いかけの積み重ねが、部下のやる気を引き出すのである。

人の力を束ねる人間力が
リーダーにとって最も重要である

バランスを欠く MBA 教育

　マギル大学（カナダ）のヘンリー・ミンツバーグ教授は、その著『MBA が会社を滅ぼす』（日経 BP 社、2006 年）のなかで、MBA 教育のあり方を痛烈に批判している。
　MBA 教育は分析と技術志向に偏向しており、官僚的な「計算高い」人間ばかりを生み出している、と。
　また、分析思考を好む人間の「非道徳性」と「共感力の欠如」も批判している。
　同書を読みながら強く共感したが、考えてみれば当然である。ミンツバーグ教授が指摘するように、バランスを欠いているからである。

人間に必要な特性とは

　確かに企業には分析と計算のできる頭脳明晰な人間が必要である。しかし、それだけで人は動かない。
　人間には感情がある。頭で納得して感情で共感し、意欲と結びついて、はじめて行動する。科学的な分析方法をいくら教えても、物事を冷たく分析し理解することはできても、温かく理解し、共感する心は育たない。
　また、科学では、人間の愛情や自然美などの精神的、倫理的、美的価値を説明できない。花の美しさや母親の愛情などを、科学の言葉や理屈で説明できるだろうか？それを「理屈抜きに美しい」と感ずるのは、人間の感情や感性の働きによるのである。
　人間は理性的存在であるとともに、感情や意思を持つ感情的、意志的存在でもある。理性だけでなく、愛情、意志力、協調性、責任感、道徳性、共感力など、人間として備えるべき特性（人間性）は他にも多い。それらは「人間力」ともいえるであろう。

人間力が最も重要

　人は理論や説明、指示・命令だけではついてこない。経営組織は集団での活動であるため、人の力を束ねる人間力が最も重要となる。
　MBA教育で尊重する論理的な思考力は大切であるが、人の共感を得られなければ組織は動かない。人がついていきたいと思う人間力が、リーダーにとって最も重要な要件である。

第 9 章

企業の生産性と創造性

ゼロベース思考

ビジネスに必要な思考

　ビジネスは意思決定の連続であり、正解のない活動のなかで最善策を求める思考が必要になる。クリティカル・シンキングと呼ばれる思考法である。クリティカル・シンキングを使って「本当にそうなのか？」という質問を繰り返しながら、ものごとを深く掘り下げていくことが求められる。

ゼロベース思考が重要

　クリティカル・シンキングを使いこなすには、その前提として「ゼロベース思考」がきわめて重要になる。人は誰でも親の教えや学校・教師の考え方、社会、業界の常識にとらわれている。思い込みや決めつけなどによってものごとを考えがちである。
　その結果、その考え方の枠外に問題解決の本質が隠れていても、気づかずに見落としてしまいやすい。だからこそ、常識を疑い、既存の枠にとらわれずに、ものごとを考えるゼロベース思考が必要になるのである。

ゼロベース思考の成功事例

　ゼロベース思考の成功事例として、ソニーのウォークマンが筆頭に挙げられるだろう。音楽は持ち運んで聴くことはできないという常識を疑い、手軽に持ち運びできる再生プレイヤーを開発して、いつでもどこでも音楽を聴けるという新しいライフスタイルを生み出した。
　別の例では、ドミノ・ピザの成功を挙げられる。宅配ピザはいまでこそ普及しているが、ドミノ・ピザは初期の頃、「宅配ピザは配達時間がかかり、冷めてしまうものだ」という常識を逆手にとって、30

分以内に温かいピザを届けるサービスで大ヒットした。
　また、一般的な事例として、マンションの販売促進の場合を考えてみよう。マンションは人間が住むための「住居」という考えに縛られると、「価格を下げて購入者を増やす」か「新しい購入者を増やすために営業を強化する」という案しか出てこない。
　しかし、マンションを「モノ」という観点で見直すと、「値上がり時の売却益や、家賃収入が得られる金融商品として売り込む」という案も出てくるのである。

　新しい時代の要請

　ただし、頭の中をゼロにするのは容易ではない。業界経験が豊富で、過去に成功体験のある企業やビジネスマンは、どうしても既存の枠組みで問題解決を図ろうとする。ゼロベースで考えるということは、枠内で業績を上げてきた自社または自己の否定にもつながるからである。
　とはいえ、企業を取り巻く環境は激変している。既存の枠組みは通用しなくなり、むしろ足かせになっている。「ゼロベース思考をするのは難しい」などといっていられない。新しい時代の要請を受け入れ、頭の中をゼロにした状態で、ものごとの本質を考えなければ生き残れないのである。聖書にあるごとく、「新しいぶどう酒は新しい皮袋に入れるべき」(『聖書』ルカによる福音書5章38節)なのである。

意味のある仮説は現場から生まれる

意味のある仮説は現場から生まれる

　頭脳明晰な経営コンサルタントは、欧米の学者やコンサルタントが書いた文献を好んで読む人が多い。そのため、彼らはそれらの文献に書いてある「論理思考」や「仮説思考」について知悉（ちしつ）している。
　とにかく、仮説を立てることが大切だと考えている。何の仮説も立てずに現場に行くのは無駄だと考えている人も少なくない。
　しかし、経営学者の遠藤功氏が指摘するように、現場での経験がないのに机の上で仮説を練ったところで、意味のある仮説にはつながらない。
　まずは現場に行き、そこで話を聞き身体を動かして、何らかの刺激を受けてみる。そこから思考回路が回り始めて、意味のある仮説が生まれるのである。

持続的な努力のうえに変化がある

　論理的な分析から仮説を立てる人は、それが現実と合致しなかったとき、現実のほうを否定しがちである。
　たとえば、GM（ゼネラル・モーターズ）は「はじめに理論ありき」といった命題を出し、現実をこれに合わせようとした。
　しかし、現実が理論と合わない。すると、GMは「現実のほうが間違っている」と考えてしまい、迷走に陥ってしまった。
　経営革新は連続性の上に起こるものである。突如として大きな変化が生まれることはない。現場での持続的な努力があってこそ、今日の変化がある。細部における変化を積み上げていくことが重要である。
　アップル社のスティーブ・ジョブズ、マイクロソフト社のビル・ゲイツ、IBMのルイス・ガースナーも発想の基本は「現場・現物・現実」からの帰納法であった。日本の企業もその多くは現場・現物・現実を大切にする「三現主義」を守って業績を上げてきた。かつての日本企業はそ

うした「実践知」に支えられていたのである。ところが、現在、その美風は失われつつある。

　関係性の本質を把握せよ

　ただ、そうはいっても現実を眺めているだけでは、目の前の事象にとらわれて現実からの飛躍を可能にする展望（仮説）は創造できない。あるがままの現実を直視し、そのうえで現実の背後にある関係性を読み取り、関係性の本質を把握する必要がある。それが鋭い洞察をもたらしてくれる。その洞察から新しい発見や発明が生まれるのである。

経験から得た知識と洞察が組織を変える

知識の詰め込みは役に立たない

ビジネス書が巷（ちまた）に溢れかえっている。毎年、数百、数千という数のビジネス書が出版されている。それでもビジネス書が売れるのは、書かれている内容を実践できていないからである。

知識を詰め込むだけでは役に立たない。そのことを内心でわかってはいるが、それでもビジネスマンはもう一冊、もう一冊と本を買い求めている。知識が「いつか役に立つ」と思いたいからである。

経験知こそ真に役に立つ

とはいえ、知識は少ないより多いほうがいい。しかし、知識の獲得だけでは不十分なのだ。知っているだけでは実践につながらない。たとえ優れた知識でも読んだり、考えたりするだけでは行動が変わらないのである。

行動から得た知識こそ真に役に立つのである。どの会社でも新入社員は先輩の仕事を観察し、先輩と一緒に仕事をすることで知識を身につける。企業は経験知が役に立つことを知っているのである。

研修で学んだ直後は「なんとなくわかった」という段階にすぎない。実際に仕事に取り組んではじめて、「なんとなくわかった」段階から「知識が身につく」段階に上ることになる。現場で「見て、触れて」、その経験から学ぶことが不可欠なのだ。これはどんなに時代が移り変わっても不変の原則である。

情報社会における錯覚

ところが、目覚しい情報化の進展に伴い、複雑な議論やデータの収集、分析がもてはやされるようになった。人々はデータの収集や分析、それ

に基づく戦略立案や会議などに膨大な時間を費やし、それで多くのことが「わかったつもり」になっている。いまではコンピュータの普及で、データの収集と分析が容易にできる。

　そのため、単なるデータを情報と混同し、多くの項目を分析したいという誘惑に駆られてしまうのである。分析項目が多ければ、それだけ成し遂げた仕事も多いと錯覚してしまうのである。

　しかし、分析しただけで変革は起こらない。経験を積み重ねて改革は本物になっていく。経験から得た知識と洞察が組織を変え、業績を生み出すのである。

経営には科学と芸術を融合させる考え方が必要である

アメリカ型経営手法の限界

2008年9月に起きた「リーマン・ショック」は企業を取り巻く環境を大きく変えた。リーマン・ブラザースの経営破綻と、それに続く世界的な金融危機は、これまで世界を支配してきたアメリカ型経営手法の限界を露呈させた。

アメリカ型経営手法とは、「経営は科学である」という考え方に基づいたそれで、情緒的な面を廃して合理性や論理性、効率を徹底的に追求する。

その結果、人と人との関係がギスギスしてしまい、短期的成果主義に流れ、温かい協力関係が失われ、多くの企業が行き詰まった。

経営は科学ではない

アメリカ型の手法では、企業経営も物理学と同じく、すべての要素を定量化、対象化して論理的もしくは実証的に分析すれば最適の解を得られると考える。

しかし、経営は生身の人間がかかわる営みである。物理現象とは異なり、同じ要素を同じ条件で揃えれば必ず同じ結果が出るわけではない。むしろ、すべて同じようにやっても同じ結果にならないのが経営である。

経営という営みには「私たちはこのようにしたい」という意志が働くため、1＋1はいつも2になるとは限らない。無限の答えがあり得るのである。

科学としての経営は、そうした人間の意志を排除して、すべての現象を「モノ」として扱う価値中立的な考え方をする。

ところが、実際の経営は「モノ」ではなく、人間同士の相互作用が織り成す「コト」であるため、机上の計算どおりにはならない。

科学と芸術の融合が必要

　もちろん、経営には論理的、実証的な合理性が求められる場面がある。が、むしろ、経営とは芸術的な領域に属する営みといえるだろう。だから、経営者には人間の相互作用を見極めながら、最適な経営を「デザイン」する役割が必要なのである。経営には科学と芸術を融合させる考え方が求められるのである。

　「モノ」は意志を持たないが、人間には意志がある。その人間が集まる企業であれば、売り上げや利益など客観的な数字を追う以前に、「わが社はこのように社会貢献したい」「こんな製品やサービスを提供して人々の役に立ちたい」といった経営理念（意志）があってしかるべきだろう。

　「わが社は何のために存立しているのか」。企業はその意味を問い直して原点に立ち返るべきである。

辺境企業の創造性

企業成長の２つの類型

　企業の成長には２つの類型がある。１つは、既存事業の発展に伴う成長。２つめは、新しい創造による成長である。
　後者は具体的には、新しい商品やサービスによる市場の創造を指す。新しい創造は業界の中枢企業ではなく、ヒト、モノ、カネ、情報という経営資源の乏しい辺境企業によって生み出される例が多い。
　たとえば、かつての流通革命の主役であったダイエーとイトーヨーカ堂は、スーパーを始めた当初、文字通りの辺境企業であった。流通革命の主役になったのは、十分な情報と経営資源を持っているデパートではなかったのだ。
　ファミリーレストランという新しい業態を成功させ、日本に外食という生活スタイルを定着させたのは、小さな食品スーパーだった「すかいらーく」である。
　宅配便を成功させたヤマト運輸、引越しサービスを創造したアート引越センターも辺境企業であった。

なぜ、辺境企業に創造性が生まれるのか

　なぜ、経営資源に恵まれた中枢企業ではなく、それが乏しい辺境企業に創造性が生まれるのであろうか。
　第一の理由は、辺境企業の脆弱性にある。辺境の企業は常に存続が危ぶまれるリスクを抱えている。社会環境の小さな変化が組織の存続を危うくするため、中枢企業に比べて環境の変化に敏感にならざるを得ない。この鋭敏な感覚がチャンスの発見と新しい事業の創造につながるのである。
　しかし、辺境の企業には新しい事業を始めるための資源が少ない。その資源の不足を補う何かが必要になる。それが新しいコンセプトや

アイデア、知恵などである。これが辺境企業に創造性が生まれる第2の理由である。

　ヤマト運輸の成功事例

　ヤマト運輸は宅配便を成功させたと前で述べたが、中枢企業のほとんどは、そこにビジネスチャンスがあるとは思っていなかった。宅配便は不定期で小口、顧客も特定しにくいためである。
　ところが反対に、ヤマト運輸はそこに可能性を見出した。着目したのが「地域」と「密度」というコンセプトである。
　たとえ、不定期で不特定の顧客であっても、地域を単位として見れば、必ず一定量の荷物の発注が出てくるはずである。
　また、地域で継続的なサービスをしていれば、その地域における密度は上がってくる。この考え方が、宅配便という新しい事業を創造する「テコ」となったのである。まさに企業の成長に見られるパラドックスである。

仕事の成果は意識の持ち方次第

仕事が楽しくない理由

人生とは「やらねばならないこと」と「やりたいこと」で成り立っている。「やりたいこと」は楽しめるが、「やらねばならないこと」は楽しくない。

どうして人は仕事を楽しめないのか。職場では選択の自由がほとんど限られているからである。「何をどうしなさい」といわれて仕事をしても面白くないのである。

余暇の場合は自分が好きなことを自由に選べる。必然的に結果が出る。ゴルフをプレーしたければ、そうすればいい。テニスをしたければ、そうすればいい。

誰かが「今日はスキーに行かなければならないでしょうか？」などというだろうか。そんな言葉は聞いたことがないはずである。ところが、職場では「○○しなければならないでしょうか？」は頻繁に聞く言葉である。

社員の自由意思に委ねる

世界的なスキーヤーは必ずしも優れたゴルファーにはなれない。だから、彼にゴルフを強要する人はどこにもいない。

ビジネスも同じである。「何をどうしなさい」と事細かに指示をしないで、業務上、許容できる範囲内でいいから、社員の自由意思に任せるようにすれば、彼らの稼動効率は上がり、何よりも仕事を楽しんでくれるのである。

自由にやらせると、なかには、やっつけ仕事をする社員がいるかもしれないが、大半の社員は上司が期待した以上に頑張って仕事をするものである。

なぜなら、人間は自分の意思で決めたことには、ほとんどの場合、こ

だわりを持って打ち込むからである。
　そもそも会社が社員を「管理」したがるのは、信頼していないからである。管理しなければ社員は仕事をさぼるものである、という不信感があるからである。
　しかし、彼らを信頼し、その自由意思に委ねれば、上記で述べたように、思っていた以上に仕事をするのである。人間は信頼してもらえると、その期待に応えようとするからである。当然、結果もついてくるのである。

　仕事の成果は意識の持ち方次第

　ある建売住宅の会社で大工たちが週に５日働いていた。彼らの作業効率を面積の総計で計算すると、週５日で約１万3200平方メートルだった。
　その会社に入っていた経営コンサルタントが「１万3200平方メートル分の仕事を終えたら、大工たちにオフの日を自由に選んでもらったらどうか」と、その会社の副社長に提案した。副社長が提案を受け入れた結果、大工たちはなんと水曜日の14時に仕事を終えてしまったのである。配管工や電気技術者、屋根職人たちが力を合わせて最短記録をつくってしまったのである。
　それまでは金曜日の17時まで仕事をしていた。そういう規定だったからである。それが明確な「目的意識」を持った途端に彼らの作業効率は飛躍的に向上したのである。
　だから、社員のやる気を上げたいと思ったら、彼らに選択の自由を与えることである。そうすれば、彼らは期待をはるかに超えた成果を上げるであろう。

第 10 章

新しい時代を開く情報の創造

情報の海で溺れるということ

　現代人は情報の海で溺れている

　知識を得ても行動に活かせない人は多い。知識と行動との間には大きな隔たりがある。なぜ、多くの人々は知識を行動に移せないのか。その大きな理由のひとつは情報過多である。
　とにかく知識を詰め込みすぎる。頭でっかちになっている。知識が多すぎて体が思うように動かない。次から次へと新しい書物が出され、セミナーが開かれ、多種多様なCDが売り出される。絶えず新しい情報に接していると頭は混乱する。つまり、現代人は情報の海で溺れているのである。

　多くの人々が落ちる陥穽

　本を読み、CDを聞き、セミナーに出たとしても、それだけで行動が変わる人は少ない。それは多くの人々がうすうす気づいてはいる。にもかかわらず、なぜ、人々は新しい知識の習得に夢中になるのか。
　新しい情報を知るのは面白い。刺激的である。行動を変えるのは難しいが、知識を得るのは容易である。だから、多くの人々はこの刺激に溺れてしまうのである。

　要点を繰り返し学ぶ

　とはいえ、本を読みセミナーに出るのは無駄ではない。学習の基本である。問題は絶えず新しい情報に触れていると、忘れることが癖になってしまうことである。
　この点について、ウェブスターの辞書をつくったノア・ウェブスターは「多くの本を読むより少数の本を完全にマスターするほうがいい」といっている。何かの分野を習得するには、要点が自分のものになるまで

反復する必要があるというのだ。大量の知識に触れるより、焦点を絞った少量の知識を何度も学ぶほうが効果的だというのである。

　知識を行動に移す鍵

　実は広告にこの手法が使われている。「印象づけ」と呼ばれるが、人々は繰り返し同じ広告を見ていると、知らないうちにその商品を覚え、消費行動を起こすのである。
　選挙でも同じ方法が使われている。候補者の演説を1回聞いただけで投票してもらうのは難しい。だから、候補者は何度も何度も有権者に名前と政策を訴えるのである。また、有権者に1回会っただけで支持を得るのは困難であるため、選挙区をできるだけ回って有権者に顔と名前を覚えてもらうのである。
　このように、知識を行動に移す鍵となるのは反復である。重要な知識が考え方や行動にしっかり根づくように反復して学ぶことである。

知識を体得するということ

　大いなる幻想

　書店にはビジネス書があふれている。ビジネス書の帯を見ると、「目覚しい成果を立証したバイブル」「この本に書かれた方法で、どんな職場も生まれ変わります」「相手がどんな立場でも使える人材教育メソッド」などなど、読むだけでプロのノウハウが身につくような錯覚に陥る。
　だが、多くのビジネスマンが内心ではわかっているように、知識を得るだけでは役に立たないのである。それでもビジネスマンはもう1冊、もう1冊とビジネス書を買っていく。知識がいつか役に立つような「気」がするからである。それは大いなる幻想であるが、残念ながら現代社会にはそういった幻想があふれているのである。

　不変の原則

　プロのノウハウは経験によって身につく。頭で理解した段階はノウハウを身につける出発点に立ったにすぎないのである。
　ビジネスの現場で知識を実践して、「なるほど。こういうことだったのか」「これがコツだったのか」「ようやく、わかった！」という気づきとともに、深い感動を味わったとき、はじめて知識が自分の身につくのである。それは単なる知識が知恵になった瞬間であり、知識が伝えようとした知恵を体得した瞬間なのである。
　これはどんなに時代が移り変わっても不変の原則である。

　知識を体得するということ

　とはいえ、知識を体得するのは簡単ではない。何度も困難に遭遇し、悪戦苦闘を強いられるからである。失敗を繰り返し、自己嫌悪に陥る場合も少なくないだろう。その困難や試練を乗り越えたビジネスマンだけ

が、プロのノウハウを体得できるのである。
　ビジネス書が売れる理由は、多くのビジネスマンがそこに書かれている内容を実践できていないからである。ビジネス書を読んで、「なんとなくわかったつもり」になって自己満足できるからである。
　ビジネスマンは日常業務を繰り返しながら仕事をしているが、ともすると慣れによる慢心や、緊急の問題処理のなかで当面の事項だけに埋もれていきやすい。すると、日常業務や顧客に対して最善を尽くさず、漫然と過ごしてしまい、大切な「気づき」を得られない場合が少なくない。
　ビジネスマンがビジネス書にあるノウハウを身につけられない大きな理由は、まさにそこにある。

学問とは科学と価値を考える営み

　学問への懐疑

　西部邁氏は『新・学問論』（講談社現代新書、1989 年）のなかで、現在の学問のあり方にこう懐疑を表明している。
　学問のことをドイツ語でヴィッセンシャフトという。ヴィッセンシャフトはサイエンス（科学）とは異なるが、科学と思想、科学と価値について思考する営みを指す。ビルドゥング（教養）もほぼ同じ意味があり、広く豊かな思想、価値、実践について考える能力をいう。
　ところが、科学はもともと知るという意味であるが、今日、自然科学であれ、社会科学であれ、学問は総じて「解釈」ではなく「説明」の立場をとったのである、と。
　もし、西部氏がいうように、学問が物事の説明であるなら謙虚に学ぶという姿勢は生じない。それはこの世に処していくための道具にすぎないからだ。道具であるなら、ほかのモノと同様、量的に「たくさんあればいい」というだけのものでしかない。

　人間軽視

　また、学問が物事の説明であるなら、重大な問題を孕（はら）むことにもなる。人間にとっての科学の意味、学問の意味を問わないことは、同時に「人間軽視」を意味するからである。
　説明を得るだけならテレビを見て、本を読めば十分である。そのほうがはるかに正確で能率的かもしれない。教師は間違いもするし、言い直しもする。大学は単なる情報提供機関ではないし、教師はただの発表者でもない。
　教師が発表者にすぎないなら、学生たちがひとつの科目を分担研究して、それを順番に発表させればいい。教師はその発表を監督しているだけでいいのだ。

こうした方法なら、学生たちがひとりの教師の思想に染まらずに済む。にもかかわらず、人は学問することに意味があると考える。それはなぜか。

学問とは何か

西部氏は、学問（ヴィッセンシャフト）とは科学と思想、科学と価値について考える営みだと指摘した。現在、大学に必要なのは、この学問であり、広義の科学（解釈）である。それは人間のあり方に対する追究であり、科学や社会のあり方を追究することでもある。人生観、社会観の探求といってもいい。人が教師に学びながらコツコツと学問しようとする本心はそこにある。あえて苦しい受験勉強をしてまで大学を目指す動機の根底には、まさにその心がある。

学生が授業に出るのは感動するからであり、感動するのは、教師が体験し学んで身につけた何ものかをぶつけるからである。また、学生が教師から何ものかを学び取ろうとする気構えがあるからである。

その何ものかは真理であることもあるし、真理を求めて苦悩してきた教師の、あるいは、人類の道であることもある。それを通して、学ぶ者はいままで何千年もかかって人類が獲得してきた精神的恩恵を受けるのである。

人が人から学ぶ最大の喜び

教師が学生に授ける知識は、正直で誠実な実感を込めたものほど魅力を持ち、人の想像力や知的好奇心を喚起する。人間はそれをかぎとる感性を備えているのだ。逆にいえば、誠実な実感を欠いた言葉は魅力に乏しく、単なる音響にすぎない。

幸い、私が学んだ多摩大学では、理論と実務の両面に精通する教員が多数教鞭を執っている。その講義を通じて、私の中に漠然と存在する経験知が1つひとつ整理される感覚は痛快である。私は学問する愉悦を味わった。

今日、情報社会を迎え、知識自体はテレビや新聞、書物などからいくらでも学ぶことができる。しかし、それらのメディアは人間の肉声が伝えるこの魅力には遠く及ばない。人間が人間を教育する真の意味、人が人から学ぶ最大の喜びはここにある。

アイデアが浮かぶとき

アイデアは浮かぶもの

　机に向かっていくら考えても、いいアイデアは思いつかない。平凡なアイデアは思いつくけれど、斬新なアイデアは生まれてこない。集中して考えているときほど、独創的なアイデアは出てこない。そう実感している人も多いだろう。
　アイデアとは「考える」ものではない。「浮かぶ」ものである。非効率のようだが、頭に浮かぶのを「待つ」という姿勢が重要である。

アイデアはいつ浮かぶのか

　では、アイデアはいつ浮かぶのか。眉間（みけん）にしわを寄せて考えているときではない。むしろ、頭を使っていないときに浮かぶのである。私の場合は散歩や入浴中、電車の中や喫茶店でボーとしているときが多い。
　そのときを逃さないために、アイデアが浮かんだらすぐにメモをとる。メモをとるためのノートも常に携帯している。
　非凡なアイデアは概して、リラックスしているときに生まれる。課題は頭の中にありながらも、その課題から離れ、緊張がとけたときに浮かぶのである。

アイデアは寝かせる

　アイデアは「熟成」させるときが必要である。その熟成期間を終えるからこそ、飛びぬけた発想が浮かぶのである。
　アメリカの経済学者ロストウは「経済伸長論」の構想をハーバード大学の在学中に得たが、それが論文になったのは30年も経ってからである。

ロストウの場合は特別かもしれないが、ある課題（テーマ）が明確な形を現わすためには、一定の期間が必要なのである。それが「寝かせる」ということである。一定の期間、寝かせたワインは熟成され、芳醇な香りと味で人間を楽しませる。アイデアも同じである。
　フランスの作家バルザックは、「熟したテーマ（アイデア）は向こうからやってくる」と述べている。熟成が完了したアイデアはかぐわしい香りを放って存在を訴えるのである。

第10章　新しい時代を開く情報の創造

企業の死活を制する情報活用

視野狭窄

　アメリカのデパートは絶滅の危機に瀕している。
　かつてデパートほど顧客を知っている業界はなかった。しかし、「非顧客」については知らなかった。経営学者のドラッカーは『ネクスト・ソサイエティ』（ダイヤモンド社、2002年）のなかでこう述べている。
　日本のデパートも類似の状況にあるといえるだろう。
　デパートはデパート客（高級客）だけを対象に商売をしてきた。長い間、限られた顧客を相手に商売をして、デパートは顧客との間に親密な関係を築いた。顧客に関する豊富な情報を活かして十分な満足を提供し、売り上げもあった。
　しかし、顧客以外の消費者の動向には関心を払わなかった。

慢心の代償

　アメリカのデパートは小売市場において80年代まで28％の売上高を誇っていた。が、デパートで買い物をしない72％の消費者には関心を持たなかった。
　時代の変遷に伴い、デパートにとっての「非顧客」が消費動向を左右する階層となった。次第にデパートの顧客は減っていった。
　小売業の盛衰は彼らの消費動向をいかに反映するかが重要になった。
　だが、デパートは自分たちの顧客しか見ていないため、時代の変化に気がつかなかった。従来からの顧客に固執し、非顧客に関する情報を集め、分析し、新規の顧客にするための努力を怠った。
　その結果は冒頭で述べたとおりである。デパートが絶滅の危機に瀕することは避け難いのである。

死活問題

　企業をめぐる社会環境は変化する。その変化は激しくなりつつある。企業がその変化への対応を怠れば、顧客はいつ企業を見放すかもしれない。
　企業は自社の顧客だけでなく、社会や消費者の変化など広範な情報を組織化する必要がある。その情報活用は企業の死活を制する重要な課題なのである。

新しい時代を開く情報の創造

　企業は情報を創造する場所である

　企業で働く人々は何が売れるかわからない不確実性下で、革新的な製品・サービスを生み出すために試行錯誤を繰り返している。その試行錯誤のなかからヒット商品が少なからず生まれてきた。
　それは社会の変化に適応しているだけで生まれるわけではない。主体的に情報を創造し、社会に対して積極的に提案をしなければならない。

　情報を創るということ

　情報を創るとは人々の認識枠組み（パラダイム）を大きく変えるような意味のある情報または概念を創ることである。概念とは現象の本質を表す言葉であるが、優れた概念は事象に対する新しい視角を与える。
　情報を創ることの本質は「ものの見方」という意味情報を創り、新しい意味を付け加えることである。発想の転換につながる新しい視点（次元）を創る営みといってもいい。

　情報の創造は組織を革新する

　概念の創造は認識枠組み（パラダイム）の転換を起こし、新しい行動様式を生み出す。やがて新しい行動様式は組織を革新し、企業と社会の発展につながるのである。
　たとえば、ヘンリー・フォードの「ユニバーサル・オートモービル」という概念は、それまで「高級品」と見られていた自動車を「大衆品」という視角で捉え直したものである。その概念の創造は自動車の大量生産と普及に貢献したことはいうまでもない。
　NEC会長（当時）の小林宏治氏は「C＆C（コンピュータ＆コミュニケーション）」という概念を提唱した。その概念はコンピュータと通信

の統合を促す画期的なもので、通信という一次元で捉えていた概念を二次元に高めることに貢献した。

ダイエー創業者の中内功氏が唱えた「価格破壊」は、メーカーに価格決定権を握られていた流通業からの離脱を起こす概念であった。

新しい時代は情報の創造から

このように情報の創造は従来の経営行動に対する見方が転換され、新たな解釈に基づいてその組織の既存情報が再編され、組織構造の刷新が起こるのである。その全過程が企業と社会の発展につながり、新しい時代を開くのである。

おわりに
指示と命令だけで人はついてこない

　バランスを欠くＭＢＡ教育

　第8章のなかでも触れたが、マギル大学（カナダ）教授のヘンリー・ミンツバーグは、その著『MBAが会社を滅ぼす』（日経BP社、2006年）のなかで、MBA教育のあり方を痛烈に批判している。
　MBA教育は分析と技術志向に偏向しており、官僚的な「計算高い」人間ばかりを生み出している、と。
　また、分析思考を好む人間の「非道徳性」と「共感力の欠如」も批判している。同書を読みながら深く共感したが、考えてみれば当然である。ミンツバーグが指摘するように、バランスを欠いているからである。

　人間に必要な特性とは

　確かに企業には分析と計算のできる頭脳明晰な人間が必要である。しかし、それだけで人は動かない。
　人間には感情がある。頭で納得して感情で共感し、意欲と結びついてはじめて行動する。MBA教育で科学的な分析方法をいくら教えても、物事を冷ややかに分析し理解することはできても、温かく理解し、共感する心は育たないのである。
　人間は知性的存在であるとともに、感情や意志を持つ感情的、意志的存在でもある。知性だけでなく、愛情、意志力、協調性、責任感、道徳性、共感力など、人間が備えるべき特性（人間性）は他にも多い。それらの特性は「人間力」ともいえるであろう。

　人間力がきわめて重要

　人は理論や説明、指示・命令だけではついてこない。人間は共感でき

なければ、動かないのである。ところが、指示・命令だけで人が動くと錯覚しているビジネス人は少なくない。

　企業は階層組織であるため、指示・命令は必要である。企業では、表面的には指示と命令で人間が動いているように見える。が、必ずしも納得しているわけではないし、内心では反発している場合もある。指示と命令に納得していない人間から優れた成果が生まれることはない。温かい協力関係も生まれないだろう。

　人の共感を得るには、人間力が必要である。人間力のなかで最も重要なのは、人の気持ちを思いやり、1人ひとりをかけがえのない存在として尊重できる人間性である。そうした人間力を発揮するならば、そこから温かい協力関係が生まれ、共感の輪が広がり、業績が生み出されるのである。

　私は多摩大学大学院でこの人間力の重要性を、橋本忠夫、田坂広志、今岡善次郎、辻毅らの諸先生から繰り返し学んだ。人間力の重要性は本書のなかでも随所で言及している。人間力がビジネスにおいて、いかに大切かを知ってほしいからである。

　さて、本書の出版にあたっては、ヌース出版の宮本明浩氏に大変お世話になった。多摩大学大学院で学んでいるときに、「LOGOS DON」誌に連載する貴重な機会を与えてくださった。そのおかげで、その連載をまとめた本書を世に問うことができた。

　大学院に在学中は、講義を受講した先生方から多くの示唆を受けた。それらは本書を執筆するヒントになった。本書の一部は講義から得た着想をもとにしている。

　大学院の教授陣のなかでは、修士論文の指導教員である、星野克美、沈才彬、本間浩輔の3人の教授に格別にお世話になった。修士論文の構想から調査、文献・資料収集、執筆に至るまで研究の全般を学んだ。その学びが本書の執筆に役立った。

　本書が完成できたのは、上記に挙げた方々のおかげである。皆さんに心から感謝を申し上げます。

2015年春

浜中　敏幸

参考文献

あ行
アクセンチュア リスクマネジメントグループ『強い企業のリスクマネジメント』東洋経済新報社、2009年。
淺間正通、山下巖編著『デジタル時代のアナログ力』学術出版会、2008年。
足立光正『「企業理念」開発プロジェクト』ダイヤモンド社、2004年。
伊丹敬之、加護野忠男『ゼミナール経営学入門』日本経済新聞出版社、2003年。
稲垣重雄『法律より怖い「会社の掟」』講談社現代新書、2008年。
井上史雄、荻野綱男、秋月高太郎『デジタル社会の日本語作法』岩波書店、2007年。
今北純一『ミッション』新潮社、2002年。
岩崎邦彦『小が大を超えるマーケティングの法則』日本経済新聞出版社、2012年。
宇於崎裕美「クライシス・コミュニケーションは企業危機管理の要諦である」、月刊「安全と管理」誌2005年6月号、日本実務出版、P.5。
宇於崎裕美『不祥事が起こってしまった！』経営書院、2007年。
内橋克人、城山三郎『「人間復興」の経済を目指して』朝日新聞社、2002年。
枝廣淳子、小田理一郎『なぜあの人の解決策はいつもうまくいくのか？』東洋経済新報社、2007年。
エドガー・H・シャイン『人を助けるとはどういうことか』金井壽宏監訳、英治出版、2009年。
小野桂之介『ミッション経営のすすめ』東洋経済新報社、2005年。
小畠宏『理念なき会社は滅びる！』プレジデント社、2004年。
織畑基一、織畑涼子『欧州モデルの経営革新』プレジデント社、2004年。

か行
片山又一郎『ドラッカーに学ぶマーケティング入門』ダイヤモンド社、2004年。

川野憲一『企業不祥事』竹内書店新社、2007年。
観光庁ホームページ http://www.mlit.go.jp/kankocho/
國廣正『それでも企業不祥事が起こる理由』日本経済新聞出版社、2010年。
久保田裕『情報モラル宣言』ダイヤモンド社、2006年。
クリア・アージリス「ダブル学習とは何か」有賀裕子訳、月刊「ハーバード・ビジネス・レビュー」誌2007年4月号、ダイヤモンド社、PP.101-113。
桑原正守『セールス・ルールズ』インデックス・コミュニケーションズ、2007年。
ケン・ブランチャート、ポール・J・メイヤー、ディック・ルー『なぜ、ノウハウ本を実行できないのか？』門田美鈴訳、ダイヤモンド社、2009年。
後藤啓二『企業コンプライアンス』文春文庫、2006年。
小林正幸『なぜ、メールは人を感情的にするのか』ダイヤモンド社、2001年.

さ行
佐々木一成『観光振興と魅力あるまちづくり』学芸出版社、2008年。
ジェフリー・フェファー、ロバート・I・サットン『事実に基づいた経営』清水勝彦訳、東洋経済新報社、2009年。
ジェームズ・C・コリンズ、ジェリー・I・ポラス『ビジョナリーカンパニー』山岡洋一訳、日経BP出版センター、1995年。
清水勝彦『戦略と実行』日経BP社、2011年。
清水隆一『聴き上手が人を動かす』ベースボール・マガジン社、2008年。
ジョン・K・ガルブレイス『バブルの物語』鈴木哲太郎訳、ダイヤモンド社、2008年。
沈才彬『「いまの中国」がわかる本』三笠書房、2007年。
菅野新吾、宮崎聡子『必ず買わせる営業心理学』ソフトバンク文庫、2006年。
諏訪園貞明、杉山浩一『内部告発』辰巳出版、2008年。

た行

高巖、稲津耕、國廣正『よくわかるコンプライアンス経営』日本実業出版社、2001 年。
ダグラス・マグレガー『新版 企業の人間的側面』高橋達男訳、産業能率大学出版部、1970 年。
武田斉紀『行きたくなる会社のつくり方』ナナブックス、2010 年。
田坂広志『なぜ、時間を生かせないのか』PHP 研究所、2003 年。
田中章雄『事例で学ぶ！地域ブランドの成功法則 33』光文社、2008 年。
田中宏司『コンプライアンス経営』生産性出版、2005 年。
谷本寛治『CSR』NTT 出版、2006 年。
ダニエル・ピンク『モチベーション 3.0』大前研一訳、講談社、2010 年。
田舞徳太郎『理念経営のすすめ』致知出版社、2002 年。
田村均『健全な組織は価値観の経営を目指す』生産性出版、2009 年。
ダン・ケネディ『ビジネス戦略』小川忠洋監訳、ダイレクト出版、2010 年。
チャールズ・A・クーンラット、リー・ネルソン『仕事はゲームだ』東本貢司訳、PHP 研究所、2009 年。
津崎盛久『道具としての経営理論』日本実業出版社、2012 年。
デール・カーネギー『人を動かす 2』片山陽子訳、創元社、2012 年。
東京商工会議所『危機管理対応マニュアル』サンマーク文庫、2005 年。
ドラッカー研究室『図解でよくわかるドラッカー』アスペクト、2011 年。

な行

中島茂「危険情報はなぜトップに伝達すべきか」、月刊「安全と管理」誌 1999 年 5 月号、日本実務出版、P.5。
中島茂『「不正」は急に止まれない！』日本経済新聞出版社、2008 年。
中谷巖『資本主義はなぜ自壊したのか』集英社インターナショナル、2008 年。
西堀俊明「観光産業と情報」、塩沢由典、小長谷一之編著『まちづくりと創造都市』晃洋書房、2008 年、PP179-186。
西部邁『新・学問論』講談社現代新書、1989 年。

野中郁次郎、遠藤功『日本企業にいま大切なこと』PHP新書、2011年。
野中郁次郎『企業進化論』日経ビジネス人文庫、2002年。
野村総合研究所『2010年日本の経営』東洋経済新報社、2006年。

は行
橋本直樹『食品不安』生活人新書、2007年。
パトリシア・ジョーンズ、ラリー・カハナー『世界最強の社訓』堀紘一訳、講談社、2001年。
浜中敏幸『社会と企業の危機管理 実践論』新風舎、2004年。
浜中敏幸「デジタル時代の落とし子たち」、「Socially」誌第18号、明治学院大学社会学・社会福祉学会、2010年、PP.37-46。
浜中敏幸「企業不祥事発生の構造」、「Social Design Review」誌第2号、社会デザイン学会、2010年、PP.142-155。
浜中敏幸「企業のパラドックスを超克するマネジメント」、「Social Design Review」誌第3号、社会デザイン学会、2011年、PP.147-159。
浜中敏幸『社会と組織の安全論』デザインエッグ社、2015年。
ハリー・ベックウィス『逆転のサービス発想法』酒井泰介訳、ダイヤモンド社、1998年。
久恒啓一『仕事力を高める方法は図がすべて教えてくれる！』PHP研究所、2003年。
菱山隆二『倫理・コンプライアンスとCSR』経済法令研究会、2007年。
ピーター・F・ドラッカー『非営利組織の経営』上田惇生訳、ダイヤモンド社、1991年。
ピーター・F・ドラッカー『明日を支配するもの』上田惇生訳、ダイヤモンド社、1999年。
ピーター・F・ドラッカー『ネクスト・ソサイエティ』上田惇生訳、ダイヤモンド社、2002年。
平川克美『ビジネスに「戦略」なんていらない』洋泉社、2008年。
平野秀典『感動3・0』日本経済新聞出版社、2010年。
広瀬一郎編著『スポーツマネジメント 理論と実務』東洋経済新報社、2009年。

フィリップ・デルヴス・ブロートン『なぜハーバード・ビジネス・スクールでは営業を教えないのか？』関美和訳、プレジデント社、2013 年。
古谷治子『クレームをチャンスに変えるビジネスマナー』実業之日本社、2006 年。
ヘンリー・ミンツバーグ『MBA が会社を滅ぼす』池村千秋訳、日経 BP 社、2006 年。
堀川紀年『日本を変える観光力』昭和堂、2007 年。
ポール・クルーグマン『グローバル経済を動かす愚かな人々』三上義一訳、早川書房、1999 年。

ま行
舞田竜宣『社員が惚れる会社のつくり方』日本実業出版社、2009 年。
マーク・マコーマック『ハーバードでは教えない実践経営学』樫村志保訳、日本経済新聞出版社、2007 年。
正高信男『ウェブ人間退化論』PHP 研究所、2008 年。
宮尾玲子『ビジネスコミュニケーション 23 の秘訣』TAC 出版、2005 年。
宮坂純一『道徳的主体としての現代企業』晃洋書房、2009 年。

や行
山崎秀夫、山田政弘『よくわかるソーシャル・ネットワーキング』ソフトバンクパブリッシング、2004 年。

ら行
蘭千壽、河野哲也編著『組織不正の心理学』慶応義塾大学出版会、2007 年。
ローレンス・E・ミッチェル『なぜ企業不祥事は起こるのか』斎藤裕一訳、麗澤大学出版会、2005 年。

わ行
渡辺由佳『敬語入門』かんき出版、2006 年。

【新聞・雑誌】
外岡秀俊「日米 明暗分けた賠償金」、朝日新聞朝刊 2009 年 7 月 23 日付、p21。
寺島実郎「直面する危機の本質と日本の進路」、月刊「世界」誌 2009 年 2 月号、岩波書店、pp.80-85。

【参照した多摩大学大学院の講義】
今岡善次郎「サプライチェーンマネジメントとドラッカー」。
河村幹夫「統合リスクマネジメント」。
沈才彬「現代中国論」。
田坂広志「社会的企業論」「日本型 CSR 論」。
辻毅「人間力向上と日本文化」。
橋本忠夫「組織コンセプト」。
広瀬一郎「スポーツビジネス」。
本間浩輔「組織行動とリーダーシップ」。
松本祐一「地域ビジネス（観光マーケティング）」。

浜中敏幸（はまなか・としゆき）
東京都羽村市生まれ。明治学院大学社会学部社会福祉学科卒業。多摩大学大学院経営情報学研究科修了。ビジネス専門学校講師（社会学）、ビジネス誌編集者を歴任。経営者300人以上を取材し、経営に関する広汎な「実践知」を学ぶ。ビジネス誌の業務で約500の企業、省庁、法人等の調査を実施。現在、浜中敏幸事務所代表。執筆、評論活動、コンサルティング等に従事。セキュリティスペシャリスト協会（SSA）セキュリティ総合研究所客員研究員。危機管理システム研究学会、社会デザイン学会、日本人間学会等に所属。研究成果を所属学会で精力的に発表している。近年は実務から得られた「経験知」を学問的に位置づける研究を行っている。主な研究分野は、社会学、リスクマネジメント論、セキュリティ論（安全論）。コミュニケーション能力1級（コミュニケーション能力開発機構）。著書『社会と企業の危機管理実践論』（新風舎、2004年）『社会と組織の安全論』（デザインエッグ社、2015年）など。評論、随筆、書評、解説、学術論文など多数。
E-mail:hamanaka664@gmail.com

経営情報学ノート　　　＜ヌース学術ブックス＞

２０１５年５月２８日　第１刷発行

著　者　浜中敏幸
発行者　宮本明浩
発行所　株式会社ヌース出版
　　　　東京都荒川区東尾久２－４５－６－７０３
　　　　電話　０３－５９０１－５８８０
　　　　振替　００１７０－５－７６７３７０
　　　　http://www.nu-su.com
印　刷　モリモト印刷株式会社

ISBN978-4-902462-16-6
©Nu-su Publishing Inc,2015 Printed in Japan

【ヌース学術ブックス】

『生命倫理再考—南方熊楠と共に—』

唐澤太輔著　A5判　190頁　本体2700円　ISBN978-4-902462-15-9

（内容）
南方熊楠による生物に対する観察姿勢・方法に現代の生命科学を超克するためのヒントが隠されていると考え、粘菌研究などを通じて紡ぎ出した彼の生命観とはいかなるものであったのか、それがどのようにして現在の生命科学の方法の超克となり得るのか等を問う。

（著者）
早稲田大学社会科学総合学術院・助教、博士〔学術〕
（本データはこの書籍が刊行された当時のものです）

（目次）
第1回　序／第2回　生命倫理学とバイオエシックス（bioethics）／第3回　粘菌とは(1)／第4回　粘菌とは(2)／第5回　生命の実相／第6回　熊楠による「筆写」と「写生」(1)／第7回　熊楠による「筆写」と「写生」(2)／第8回　側頭葉癲癇／第9回　粘菌的性質の持ち主／第10回　粘菌という「他者」に見出していたもの(1)／第11回　粘菌という「他者」に見出していたもの(2)／第12回　粘菌という「他者」に見出していたもの(3)／第13回　粘菌という「他者」に見出していたもの(4)／第14回　粘菌という「他者」に見出していたもの(5)／第15回　粘菌という「他者」に見出していたもの(6)／第16回　「統一」と「分離」／第17回　近代科学とオカルト／第18回　オカルティズムへの関心／第19回　「生」と「死」のパサージュ（通路）／第20回　「幸せ」と「距離」／第21回　心の防衛機制としての「退行」／第22回　マンダラによるカタルシス効果／第23回　「精神的危機」を克服して／第24回　熊楠と羽山兄弟(1)／第25回　熊楠と羽山兄弟(2)／第26回　熊楠と羽山兄弟(3)／第27回　熊楠と羽山兄弟(4)／第28回　熊楠と羽山兄弟(5)／第29回　熊楠と羽山兄弟(6)／第30回　「事の学」について(1)／第31回　「事の学」について(2)／第32回　「事の学」について(3)／第33回　「事の学」について(4)／第34回　「事の学」について(5)／第35回　indwelling（潜入・内在化）／第36回　endocept「内念」／第37回　「直入」とは／第38回　熊楠による対象へのアプローチ方法(1)／第39回　熊楠による対象へのアプローチ方法(2)／第40回　熊楠による対象へのアプローチ方法(3)／第41回　熊楠による対象へのアプローチ方法(4)／第42回　熊楠による対象へのアプローチ方法(5)／第43回　創造的活動のプロセス(1)／第44回　創造的活動のプロセス(2)／第45回　創造的活動のプロセス(3)／第46回　「南方曼陀羅」の概要と「大不思議」について／第47回　萃点とは(1)／第48回　萃点とは(2)／第49回　萃点とは(3)／第50回　萃点とは(4)／第51回　萃点とは(5)／第52回　生命の基層へ(1)／第53回　生命の基層へ(2)／第54回　生命の基層へ(3)／第55回　生命の基層へ(4)／第56回　生命の基層へ(5)／第57回　生命の基層へ(6)／第58回　生命の基層へ(7)／第59回　生命の基層へ(8)／第60回　生命の基層へ(9)／第61回　生命の基層へ(10)／第62回　結

ヌース出版刊

本体価格に消費税は含まれておりません。

『科学の知識であなたが変わる』

石浦章一著　四六判　110頁　本体９００円　　ISBN978-4-902462-14-2

（内容）
アルツハイマー病研究の第一人者で、東大の人気教授・石浦章一が、巷で言われている科学の常識を覆す。「～しかし今は二十一世紀である。この数十年で何が変わったかというと、私たちの身体のことや DNA に関する知識が増え、明らかにおかしいことがはっきりしてきたことである。この本では、誤った概念や知識がいかに私たちの生活に入り込んでいるかをまとめて解説することを試みた～」(本文より)

（著者）
1950 年、石川県生まれ。東京大学教養学部卒業。同大大学院理学系研究科博士課程修了。国立精神・神経センター神経研究所、東京大学分子細胞生物学研究所を経て、現在、東京大学大学院総合文化研究科教授。理学博士。専攻、分子認知科学。東大での講義の傍ら、一般向けの書籍を多数執筆している。主な著書に『遺伝子が明かす脳と心のからくり』(だいわ文庫)、『老いを遅らせる薬』(PHP 新書)、『東大オープンキャンパス発 生命科学の未解決問題』(西村書店)、『頭のいい子に育てる食べ方 7 つの簡単ルール』(新星出版社)、『よくわかる生命科学―人間をとりまく生命の連鎖(新生物学ライブラリ)』(サイエンス社)、『脳を使うのがうまい人、ヘタな人～東大教授の世界一わかる脳の授業～』(大和書房)などがある。
(本データはこの書籍が刊行された当時のものです)

（目次）
第 1 回 コラーゲンで美しくなる / 第 2 回 オフラベル薬は知っていますか？/ 第 3 回 認知症は遺伝する？/ 第 4 回 血液型の神秘 / 第 5 回 ドーパミンとこころの謎 / 第 6 回 私たちは味を舌で感じている / 第 7 回 遺伝と環境あれこれ / 第 8 回 ネアンデルタール人の DNA からわかったこと / 第 9 回 遺伝子と DNA の違い / 第 10 回 肥満 / 第 11 回 iPS 細胞 / 第 12 回 もう 1 つの味な話 / 第 13 回 私の常識、学生の常識 / 第 14 回 生命科学とは何か知っていますか？/ 第 15 回 科学コミュニケーションあれこれ / 第 16 回 ゲノムを読む / 第 17 回 アルコール依存 / 第 18 回 アルツハイマー病の治療 / あとがき / 索引

ヌース出版刊

本体価格に消費税は含まれておりません。

【ヌース教養双書】

『音楽学研究室の放課後―10年間の暴走日記―』

高松晃子著　A5判　143頁　本体1900円　　ISBN978-4-902462-11-1

(内容)
本書は、1999年から2009年にわたって、哲学雑誌『ロゴスドン』に連載された「音楽哲学」47本をまとめたものである。ふだん何気なく見過ごしてしまうようなことを、敢えて問い直すこの作業、あちらこちらでホンネが顔を出す。勘違いと思い込みが暴走し、読者も歩行者も目に入っていない事故多発地帯多数。しかも、初期の頃の文章の中には今では考えが変わっているものもあって、できれば封印したい気持ちもある。これらの文章の大部分は、大学の授業が終わってから自分の研究室でボーっとしている間に、また、学生との何気ない会話をヒントに生まれたものである。(「あとがき」より)

『生物多様性を生きる』

岩槻邦男著　A5判　141頁　本体1900円　　ISBN978-4-902462-12-8

(内容)
COP10が一段落したところで新しい問題として日本にも全人類にも突きつけられている生物多様性に関するエッセイ集。生物多様性の問題を意識し始めた全ての人がこの先、真剣に向き合うために最も適した易しい入門書。

『国際関係の思想と実際』

山本武彦著　A5判　139頁　本体1900円　　ISBN978-4-902462-13-5

(内容)
国際関係の奥深い論理を読み解くヒント満載。現代国際関係の場で流通する思想や言説は単純な論理構成で仕上がっていることを踏まえ、国際関係の表層と関連付けながら記述。実際の国際関係を理解しようとする人の為の必読書。

ヌース出版刊

本体価格に消費税は含まれておりません。

『生きた哲学の課外授業』

鷲田小彌太著　A5判　219頁　本体1500円　ISBN978-4-902462-04-3

（内容）
「哲学はコンビニだ」「哲学はバブルだ」現実の生活に通用する思考の技術満載！人間が生きていく上で重要なテーマを哲学者・鷲田小彌太が本音で語り尽くす。「どう考え」「どう生きたらいいのか」を最上の問題とし、生きた哲学である現実の生活に通用する思考の技術を教授する、一般人のための課外講座。

（著者）
1942年、札幌市生まれ。大阪大学文学部哲学科卒業。大阪大学大学院文学研究科哲学・哲学史専攻博士課程単位修得中退。三重短期大学教授を経て、現在、札幌大学教授。専攻、哲学・倫理学。評論活動、エッセイ、人生論等の執筆も精力的にこなす。（本データはこの書籍が刊行された当時のものです）

（目次）
第一講　コンビニ哲学　　第二講　ボランティア哲学　　第三講　スーパー哲学　第四講　ビックバン哲学（革命の弁証法1／革命の弁証法2／人生のビッグバン1／人生のビッグバン2）　第五講　論争哲学（哲学特許／加上の論／理論による階級闘争1／理論による階級闘争2／理論による階級闘争3／論争に勝たない方法）　第六講　バブルの哲学（バブルはおいしい／哲学は贅沢だ／哲学の真髄は極端にある1／哲学の真髄は極端にある2／哲学のいのちはバブルだ）第七講　戦争の哲学（ＰＫＯとは平和維持活動のことか？／「戦争放棄」が戦争をつくる／良い戦争と悪い戦争の区別は可能か？／なぜ社会主義は戦争に強いのか？／戦争責任／イラクの国連査察とイラクへの軍事行動）　第八講　学校の哲学（学校哲学に「哲学」はない／学校哲学に「哲学」がある／私塾のなかに学校哲学の可能性がある）　第九講　仕事の哲学（最初に自分の経験を語ってみよう1／最初に自分の経験を語ってみよう2／マルクスの「仕事」とは？／アルバイトと本業／仕事論の白眉を紹介しよう）　第十講　酒の哲学（酒の効用／酒の毒）　第十一講　食の哲学（「食」問題／「飽食」と「節食」／人間とはその食べるところのものである／最後の晩餐）　第十二講　旅の哲学（旅行／留学／遊行／旅の人生）　第十三　読書の哲学（哲学とは読書である／哲学書を読む／全集を読む／書斎の哲学／読書と人生／生産としての読書／消費としての読書）　第十四講　家族の哲学（生産の単位／エロスの単位／倫理の単位）あとがき

ヌース出版刊

本体価格に消費税は含まれておりません。

【学問の英知に学ぶシリーズ】

（内容）
真理を追究し、学問の発展のために尽力されてこられた大学教授や名誉教授が、各専門の分野から現代社会の病弊に対する処方箋を提供。日本最高峰の学識が易しい表現で談話調に語られる、学問の英知に満ちた珠玉のインタビュー集。

『学問の英知に学ぶ　第一巻』

ロゴスドン編集部編　A5判364頁　本体3800円　ISBN4-902462-00-1

（回答者／加来彰俊、力武常次、西岡一、香原志勢、鈴木孝夫、中山茂、吉田夏彦、森毅、江沢洋、岸本重陳、中川米造、西澤潤一、相良亨、阿部猛、加藤節、副田義也、吉森賢）

『学問の英知に学ぶ　第二巻』

ロゴスドン編集部編　A5判366頁　本体4600円　ISBN4-902462-01-X

（回答者／佐々木健一、佐伯胖、佐々木宏幹、加藤尚武、剣持武彦、藤永保、町野朔、岩槻邦男、伊丹敬之、猪瀬博、石田雄、阿部謹也）

『学問の英知に学ぶ　第三巻』

ロゴスドン編集部編　A5判350頁　本体4600円　ISBN4-902462-02-8

（回答者／渡邊二郎、久保田淳、上野千鶴子、水島恵一、多田富雄、山折哲雄、湯浅泰雄、養老孟司、宮本憲一、川田順造、祖田修、渡辺昭夫）

『学問の英知に学ぶ　第四巻』

ロゴスドン編集部編　A5判380頁　本体4600円　ISBN978-4-902462-03-6

（回答者／今道友信、門脇佳吉、佐々木力、福井憲彦、岩田昌征、今村仁司、戸田正直、内山秀夫、木田元、池田清彦、石田英敬、根本橘夫）

『学問の英知に学ぶ　第五巻』

ロゴスドン編集部編　A5判345頁　本体4600円　ISBN978-4-902462-10-4

（回答者／五十嵐敬喜、前田雅英、林道義、大塚和夫、池田善昭、今田高俊、清水博、竹内整一、薗田稔、木村敏）

ヌース出版刊

本体価格に消費税は含まれておりません。